近世語研究のパースペクティブ

Perspective of the Early Modern Japanese Language :
How to recognize our language & culture

——言語文化をどう捉えるか

金澤裕之 KANAZAWA Hiroyuki
矢島正浩 YAJIMA Masahiro
編

笠間書院

近世語研究のパースペクティブ ― 目次

第Ⅰ部　文法史の面から捉え直す近世語

はじめに

近世語は、現代語をより深く理解しようとするとき、直接にその連続性や非連続性を問うことができる点において、固有の価値をもつ。現代語の姿を当然のものとして享受する我われにとって、その閉じられた視界を広げ、それまで気付かなかった必然性や関係性を現前のものへと導いてくれる、有用で豊富な恩恵に満ちた存在なのである。

では、近世語のさまざまな事象のあり方や変化を貫く原理・原則について、広くまた的確に捉えてゆく研究方法にはどのようなものがあるであろうか。日本語史研究の中の一領域として、近世語であるがゆえに可能となる接近法、あるいは近世語を対象とするからこそ外せない視点とは何であろうか。こういった問いに対して、これまでの近世語研究が学的基盤として共有するところまで至っていない斬新な方法論を提案し合うことによって、これからの研究に新たな可能性を拓くきっかけにしたいという願いが、本書を世に送り出すに至った動機である。

言うまでもなく、日本語史を総体として理解する上で近世語の解明は不可欠であり、また、現代語の研究がさらに厚みのある深化・発展をとげるためにも、近世語研究の果たす役割は大きい。本書は、近世語研究への寄与を第一義とするのはもちろんであるが、こういった日本語学研究の全体に、広く活性化を促す礎となることをも願うものである。

また本書は、近世語研究者や日本語研究者のみならず、文学や歴史の領域から近世を研究する方々にも、ぜひ、手に取っていただきたく思う。近年の研究の進展とそれに伴う細分化によって、近世の言語文化というものに対して、我われ近世語研究者、日本語研究者が捉える「像」がそれぞれに異なろうとしている。そしてそれ以上に、日本文学や歴史学の研究者の描く「像」が、大きくその趣を異にしつつあることは想像に難くない。本書では、これまでの日本語史研究者の長年に及ぶ「執拗な」追究の集積を出発点とし、そこに拠って立ちながら、言語研究者たちが何に感動し、事実をいかに追い求め、それによってどのような「像」を見ようとしているかが描き出されている。この「像」と、読者各自のそれとをすりあわせることにより、日本語研究者にとってはもちろんのこと、他分野の読者にとっても、それぞれに新鮮で見晴らしのよい眺望——パースペクティブ——が立ち現れる契機になることを信じるものである。

本書は大きく二部構成よりなる。以下、それぞれのテーマについて簡単に紹介する。

第Ⅰ部　文法史の面から捉え直す近世語

言語は、その使用者にとって望ましい方向へと絶えずその姿を変え続ける連続体である。中でも近世期の文法は、現代において我われが体感する表現方法の基盤をなし、その問い直しは、そのまま現代語におけるルールの捉え直しに結びつく。第Ⅰ部は「文法史」を話題として、近世語研究に対する新たなアプローチの提起に取り組んでいる。

近世語から現代語にわたって起こる体系的な推移については、時代をまたいで貫く普遍性や原理を見出そうとする視点によって、時として鮮やかな整理が可能である。**金澤論文**は、まず打消の助動詞が、近世期以降、形容詞の活用と同様の「なかった」「なく中止形」などを獲得してきた点を取り上げる。そして、それが常に状態性の表現を受ける領域を橋渡ししとしている事実があることに注目することによって、一体の体系的推移としての解釈が可能だとする。同様に授受表現で観察される謙譲表現「〜ていただく」のいわば特異な歴史及び使用状況も、近世から現代へと続く授受表現史の体系的な流れの中で捉えることにより説明できるのではないかとする。時代の幅を大きく取って普遍的なるモノの存在に注視することが、問題解決に結びつく可能性のあることを示す典型が、そこには示されている。

その一方で、推移が体系的なものである以上は、同一形式であってもその使用意義には自ずと異なるところを生じる。この点を検討する**岡部論文**は、近世語と現代語における推定ヨウダの対照分析を通じて、江戸語のヨウダが現代語と比べて「現状描写性」に特徴があり、対する現代語では「現状解釈性」を強めることを明らかにする。さらにソウダの分析も踏まえながら、ここで用いる手法が、現代語を享受する身にあっても現代語を相対化して捉え得る目を持たせてくれるとする。岡部論文が用いる方法・着眼点は、広い範囲において応用可能であり、現代語を対象としたこれまでの研究成果に対する再検討の視点を提供し、新しい展開を促してくれるものであるといえよう。

ところで、言語がなぜその方法を選択するに至ったのかを考える上で、当該地域言語の、日本語全体における相対的な位置付けへの視線は重要である。ことに当該言語が中央語となること、あるいはそうでなくなることは、書きことばとの連関性や、他地域言語との影響関係において、大きな意味を持っている。**矢島論文**は、その点を視野に入れることによって、接続詞的用法ソレダカラ類が江戸・東京語および上方・大阪語において描くそれぞれの消長について、整合性のある解釈が得られることを述べる。同時に、現代における東京語、大阪語のありようは、両地域相互の影響関係の歴史という視点抜きには説明できない部分があることを物語っている。

彦坂論文は、研究対象地域をさらに日本語全体に広げ、条件表現全般が『方言文法全国地図』で示す分布について、近世期方言文献や日本語史の成果を踏まえながら立体的に解釈してみせる。概して周圏分布が見える順接の仮定、偶然確定、逆接の確定条件に対し、順接の必然確定や逆接の仮定条件は多様な語形が選択可能な分、単純な分布を見せない。条件表現の用法ごとに、ここまで詳細かつ明瞭な把握が可能であるというそれぞれの到達点を明らかにしている。このような成果により、さらに我われは、地域ごとの条件表現全体系の型そのものが描く地理的分布をイメージしつつ、各地域語が、改めて日本語の中で育まれながら、一方で各地域固有の事情をも映す生命体であることに思いを馳せることになる。

第Ⅱ部　言語生活の面から捉え直す近世語

言語を歴史的に研究しようとするときに重要なのが、文献から何をどのように読み取ることが実りの多い成果に結びつくのかを的確に捉えることである。近世語は、資料の豊富さという面で利点を有する分、それに基づいて展開できる研究方法や視点については、十分な問い直しが行わなければならない。いかなる文体の、どのような位相・文脈で用いられ、それは実際の言語生活の中で、どのように用いられていたものが切り取られたのか。第II部は、そういった「言語生活」を問題意識の軸として、近世語研究の方法論の最前線を提示する。

言語的な変異形は、ともすれば、これまで多くの研究において、いわば周辺的な存在として切り捨てられる対象であった。しかし、実際の言語生活における変異形の存在価値を考えてみれば、その方法だけでは、いかに不十分であるかに気付くことができるはずである。**福島論文**は、変異形の使用を凝視する方法により、打消過去ナカッタの成立がなぜ遅れるのか、本来推量に関与した助動詞ソウダがなぜ伝聞専用形式となるのか、などの難問が解決へと向かうことを述べる。さらに、この方法の射程が、標準語史研究の幻想から離れ、歴史的研究としての近世語史を編み直すところにあることを論ずる。これまでの言語研究が対象としてきた枠組みに対して、さらには「言語体系」の捉え方そのものについて鋭く見直しを迫りながら、新たな歴史的研究へと誘っている。

言語生活史への課題認識を論の正面に据え、近世節用集研究を事例として、これまで等閑に付されてきた研究領域に豊潤なテーマの広がりがあることを浮き彫りにするのが**佐藤論文**である。近世社会において節用集はどのような社会的存在であったのか、出版界の動向や社会制度との関係とはどのように関わるのか、どういった利用者がどのように享受していたのかなど、節用集のみの問題にとどまらず、広く文献が背負う社会的文脈を理解することが、我われに何をもたらすのかを詳細に論じている。本論文により、隣接する研究分野との連携の必要性やこの領域における言語研究の立ち遅れ、さらには近年の検索ツール利用を前提とした乱暴な文献利用の危険性といった、課題山積の現状に我われは気づかされることとなる。

表記のあり方への洞察も、近世期が、日本語史においてどのような位置にあるのかをつくづくと知らしめてくれる。**屋名池論文**は、近世期における、一見無頓着とも言えそうなかなの表記が、読みの一意性を確保した、一度として乱れたことのない日本語の精密な表音表記システム史に配置されるものであることを考察する。日本の言語生活史として書く行為と読む行為とが非対称なものとしてあり続けてきたことの真の意味が、音韻と表記の分岐以降、常に維持されてきたこのシステムを了知することによって理解できるということである。ともすれば表記活動が「個」の次元のものとして研究されることが多い中で、本論文は、それを、社会習慣として、俯瞰的な見地から捉えることによって、日本語の言語生活について奥行きある理解へと導いてくれる。

言語が、それを用いる人間の表現や思考の諸活動としてある以上、研究対象を共有する文学研究との知見の交流が必須であることは言を俟たない。しかし、近年、むしろ両者の隔たりは大きくなる状況にさえある。**井上論文**は国文学者の立場から、その現状を見据えた上で、文学研究と言語研究との連携について具体的な提言を行う。両学問領域の双方に渉る問いやこれまでその領域で達成されてきた貴重な偉功を集約し、どういった重要な課題が残されているか、また、今後の研究がどうあるべきかという点を照らし出している。この論文は、我われの多くが見過ごしてきてしまったかもしれない問題を改めて浮き彫りにし、手薄だった領域を埋めていかなければならないという認識を高めるきっかけを提供してくれるはずである。

以上でおわかりのように、各論で扱う内容そのものが直接に関連し合うところは限られるものの、方法や姿勢については交錯するところが多い。第Ⅰ部の金澤論文と岡部論文は普遍的に共有されるものの存在を前提とし、その共通性そのものを見据えていく金澤論文と、そこからわずかに重複を外す領域に目を凝らす岡部論文という対照的な部分を持ち合わせる。同じ条件表現を対象とする矢島論文と彦坂論文は、前二者が研究対象とする、いわば「標準的なる言語」を相対化して把握すべく、中央語の存在を軸として、空間的変異に視野を広げようとする点で方向性を一にする。さらに四氏いずれの方法も、細かな変異形を捨象した体系的なるものの存在を前提に研究を進める点で一致しているということも確認しておかなければならない。

それらの方法に対して、異なった視点が必要ではないかという主張が第Ⅱ部の福島論文と佐藤論文である。言語が個々の運用の下にあり、それぞれの使用意義に光を当てない限り見えてこない諸問題があるという主張は、いわば第Ⅰ部の諸論考の方向性では捕捉し得ない世界の指摘でもある。そして、あらゆる個々の表記運用を包括的に説明する全体的システムの検討を行った屋名池論文は、ちょうどその双方の行き方への目配りの下になされた一つの実践例といえるであろう。さらに、佐藤論文によって開かれた他の研究分野との交流への道筋を、文学研究の立場から実現例を示しつつ、具体的にその必要を訴えるのが井上論文ということになる。

一見、独立性の高い論考の集まりではあるが、それぞれに響きあう一体性をも持ち合わせる。相互の関係を、そもそも右のような形で捉えてよいのかどうかの検証を含め、本書のどの部分から何を読み取り、どのように用いていくかも、すべては読者に委ねられている。それぞれの研究者による近世言語との真剣な格闘の結果を、それぞれの関心のおもむくままに読んでいただければと思う。

言うまでもなく、本書の主張は、これまでの先学が営々と積み上げてきた英知の上に立ち、ようやく見えてきた風景を描きとったものにすぎない。少しでも多くの方にとって、本書が新たな地平への展開のきっかけとして役立つところがあり、些かなりともその学恩に報いることができるとするなら、執筆者一同にとっては望外の幸せである。

編　者

第Ⅰ部　文法史の面から捉え直す近世語

時代を超えた言語変化の特性

――動態の普遍性を考える

金澤裕之

【要旨】近世期における言語変化の動態と、現代におけるそれとを比較・対照してみると、いくつかの現象において、時代の違いを超えた類似性や特色を見出すことができる。まず、打消表現に関わるものでは、近世期における打消過去表現「なかった」形の成立と現代における「なく中止形」の出現という二つの現象において、古形の助動詞が、本来は形容詞の一変化形である新しい形式に置き換えられる過程で、状態的な性格を強く持った動詞句の場合から変化が進んでいる、という類似する性格が見られた。また、授受表現の補助動詞に関わるものでは、近世期における「〜ていただく」形の成立の時間的な遅れと現代における「〜ていただく」形の氾濫・変容という二つの現象において、世界的に見てもかなり特異な表現とされる、主語であるところの「受け手」に視点が当てられる謙譲表現形式の場合において、他の（五つの）授受表現補助動詞の場合とは異なる特異な展開を示すという、共通する特色が観察された。

【プロフィール】
かなざわ・ひろゆき
「うつりゆくこそことばなれ」という表現があるように、ことばは常に変化し続けています。そうしたことばの移り行きの背景には、どのようなものがあるのでしょうか。日本全体に広く多様な文化が開花した近世期のことばを調べていると、色々なところで、現代のことばの在り様との関わりを考えてしまうことがあります。そうしたことばの移り行き（＝動態）の背景にあるメカニズムについて、具体例を挙げて斬り込んでみたいと思っています。

1　本稿の目的と構成

本稿では、近世期の歴史的な資料を現代の視点から俯瞰し、そこに見られる言語変化の動態を現代の現象と比較・対照させることにより、言語変化における、時代を超えた類似性や変容の背景にある特色について探究してみたい。

その具体的な調査対象として考えてみたのは、打消表現に関わるもの（2節―類似性）と、授受表現の補助動詞に関わるもの（3節―変容の背景にある特色）の二つである。両者とも、現代の言語現象の方を先に検討し、その後、この現象と関わりのありそうな近世期の言語現象について、用例を確認しながら比較・対照を進めてみることにする。

2　「なく中止形」《現代》と「打消過去表現」《近世》

2・1　「なく中止形」とは《現代》

「なく中止形」というのは、金澤（一九九七）他で使用した金澤の造語であるが、その内容は、〈動詞の否定の連用中止法において、（「ず」ではなく、）助動詞「ない」を使った「〜（し）なく、…」の形〉ということになる。この用法については、先に此島（一九七三）の中に具体的に言及した部分があるので、それを引用してみることにする。

連用形「なく」の中止法は、形容詞にはあるが、助動詞にはない――「勉強する気がなく、遊んでばかりいる」とは言えるが、「勉強をしなく、遊んでばかりいる」とは言えない。中止法には「勉強をせず、遊んでばかりいる」と「ず」を用いるのである（ときに「なく」の中止法を文章に見るが、ぎごちない）。

（同書、167頁――助動詞「ない」の項）

現在では、各種検索の機能により、この「なく中止形」の用例は多数集めることが可能だが、目視による用例収集を行なっていた金澤（一九九七）の時点で収集できた用例数は合計で十七例であり、それらは上接する動詞（句）の特徴から、次のような六種類に分けることが出来た。

A　動詞「（〜）する」　「味もしなく」「存在しなく」
B　動詞「いる」　「愛する者はいなく」「〝新住民〟がほとんどいなく」他
C　動詞「できる」　「生かすことができなく」「理解できなく」他
D　補助動詞「いる」（「〜ている」）　「安心していなく」「知られていなく」他
E　動詞＋助動詞「られる」　「認められなく」
F　A〜E以外の動詞（句）　「構わなく」「一面にすぎなく」「予想もつかなく」他

そしてこの傾向は、現在でもさほど変わらないものと考えられる。

2・2　出現の背景

前節で挙げた「なく中止形」の用例について、その特色をまとめてみると、次の二つになるのではないかと考えられる。

(1)　先行する動詞（句）が状態的な意味を表わす場合が多い
(2)　対応する肯定形式を、普通には持たないケース（定型的な性格を持つ表現）

さて、先に挙げた此島（一九七三）の言及を参考にしつつ、活用語の連用中止法のうち意味的に否定を表わす場合を全般的に考えてみると、その体系は次のように図示することができる。

動詞／補助動詞＋助動詞「ず」	補助形容詞「ない」	形容詞「ない」
雨が降らず、…	赤くなく、…	雲がなく、…
開いておらず、…	賛成で（は）なく、…	

とすると、「なく中止形」とは、図の下段の「動詞／補助動詞＋助動詞「ず」」の部分に含まれる表現のうち、動詞や動詞句全体が、状態性が強いという、謂わば形容詞・補助形容詞に近い性格を持ったもの、つまり、図で言えば上側に位置するものから、（「ず」に替わって）「ない」が許容される形として侵入し始めていることになり、将来「ず」の多くが「ない」に置き換えられて、助動詞そのものが「ない」に一本化される方向へ進んでゆく可能性が、一応考えられるようになってきたと言える。

　こうした言語変化（の兆し）のポイントとしては、打消助動詞の古形である「ず」が、新形の「ない」に置き換えられてゆく過程において、形容詞的な性格を強く持った動詞（句）の場合から変化が始まっており、少なくとも今後の展開としては、元来形容詞である「ない」という形式が、打消助動詞の生起するあらゆる場面を覆い尽くす可能性を持ち始めたということが考えられる。

　ところで、日本語の歴史的な変化を振り返ってみた時、古形の助動詞が、本来は形容詞の一変化形である新しい形式に置き換えられてゆくという点で、現在の「なく中止形」における状況と共通する点があると考えられるのが、一九世紀の江戸・東京語に起こった、打消過去表現における「なんだ」から「なかった」への交替現象である。そこで次に、「なんだ」から「なかった」への交替現象——見方を変えれば、助動詞としての「なかった」の成立過程——について、これまで見てきたような観点から、改めて考察を進めてみることにしたい。

2・3 「なんだ」から「なかった」へ《近世》

江戸・東京語における打消過去の助動詞「なかった」の成立に関しては、中村通夫氏による有名な「『なんだ』と『なかった』」を初めとして、言及している論文は数多い。それらの詳細については金澤（一九九九）の三節に譲るとして、その内容のポイントは、次の三つの側面にまとめられるように思われる。

Ⅰ 通時的側面　①天保期（一八三〇～四四）前後から明治初期に至る五・六十年の間に、ナンダ・ナカッタ両勢力の交替が行なわれた。

Ⅱ 位相的側面　②明治二〇（一八八七）年前後には、大体ナカッタ専用になっていたと見られる。〔それぞれの資料ごとに用例の偏り（特色）が見られるため、全体を総合的に判断するのは難しい。〕

Ⅲ 文法的側面　①（助動詞が）形容詞の活用に歩調を合わせた。
②打消表現の「均整のとれた体系への欲求」の結果生じた。
③活用形の（体系の）完備により、加速度的に広まった。

さて、これらの中で筆者が今回注目したいのは、Ⅲの文法的側面についてである。この点について、引用が少し長くなるが、分かりやすい形で説明を加えている亀井孝他（一九六五）の中から一部、引いてみよう。

そもそも、否定の過去形「なかった」は、注目すべき歴史をもっている。これについては、中村通夫がゆきとどいた考証を発表しているのであるが、少なくとも文献のうえでたどるかぎり、「なかった」の用例は、江戸時代きわめてまれなのである。つまり、過去をあらわす場合には、上方とかわりのない「なんだ」を用いるのが、いまだ江戸の一般なのであった。「なかった」が急速に伸張してくるのは、明治になってのことである。これは一言でいえば、均整のとれた体系への欲求が、「なかった」をこのんだ結果である。比例式の形による説明を便宜用いるならば、

ない：（行か-）ない＝なかった：x

xに対して期待される答えは、当然「（行か）なんだ」ではなく、「（行か）なかった」であるわけだ。そして、現在形の「ない」も、また「ぬ（ん）」よりも、均整の見地からは、すぐれている。なぜなら、「ない」は、「聞かない」「見ない」と、動詞に接合するばかりでなく、「よくない」「美しくない」のように、形容詞へもつきうる。〔中略〕いいかえれば、東京語の否定表現の体系は、それ自体として、合理的なのである。（同書、55〜56頁）

引用したうちの、後半の部分に関しては、既にこれまで述べてきたところと共通する。そこで問題となるのは、引用に従えば「xに対して期待される答え」であるところの「なかった」が、具体的にどのような場合から旧形「なんだ」との交替を見せ、最終的に均整のとれた体系への移行が完成しているか、という点である。

次節では、位相的な問題はひとまず措き、具体例の詳細な検討から、「なんだ」から「なかった」への交替における言語内的な状況を、描き出してみることにしたい。

2・4 交替の実相 （cf. 金澤一九九九）

「なかった」の成立に関するこれまでの研究において、具体的な資料として主に利用されてきたのは、江戸後〜末期の人情本の一部や勝小吉による『夢酔独言』、及び、江戸末〜明治初期の仮名垣魯文による滑稽本類であ

る。しかし、下の表1に示す通り、『夢酔独言』も魯文の滑稽本類も、使用の実態という点ではかなり「なかった」に傾いている様子が見てとれ、これらは萌芽期における「なかった」の具体的な状況を示す例としては、必ずしも理想的なものではないように思われる。こうした状況から以下では、初出に関わる問題は別として、個々の例や全体的な傾向についてはこれまであまり詳細に検討されることのなかった人情本に焦点を当て、それを詳しく調べてみることにしたい。また、先にも述べたように、ここでは位相の問題はひとまず措いて、ことばの内的な状況について絞って考えてみることにしたいので、人情本はその点では好都合であると言えるが、話に登場する使用者は江戸者に限定することにする。〔調査資料については、稿末を参照。〕

こうした調査の結果、作品の中に打消助動詞としての「なかった」の用例が見られたのは二〇作品〔全体の三割弱〕で、そのうちの一九作品においては、同一作品の中に「なんだ」「なかった」の両形が見られ、その用例数を合計すると、「なんだ」一〇九：「なかった」三八〔割合は凡そ、

表1　作品別の「ナンダ」「ナカッタ」出現状況

作　品	ナンダ	ナカッタ
夢酔独言（天保14〈1843〉）	7	17
魯文の滑稽本類		
滑稽富士詣（万延1〜文久1〈1860—61〉）	3	13
西洋道中膝栗毛（明治3〈1870〉）	2	10
安愚楽鍋（明治4〈1871〉）	1	5
胡瓜遣（明治5〈1872〉）	1	1

表2　性別による「ナンダ」「ナカッタ」の出現状況

	ナンダ	ナカッタ	計
男	44 (75.9)	14 (24.1)	58 (100.0)
女	65 (73.0)	24 (27.0)	89 (100.0)

三・一）となった。（具体的な作品名や「なかった」の例の詳細については、金澤（一九九九）の四節を参照。）また、それらの合計一四七例に関して、位相的な面から両者の使い分けに影響を及ぼしている可能性が考えられる話者の男女差については、前頁の表2に示す通りで、この結果から見る限りでは、話者の性別と「なんだ」と「なかった」の使い分けとには、ほとんど相関関係が見られないものと考えられる。

そこで、同じ作品の中で「なんだ」と「なかった」の両形が現れている一九作品の一四七例について、その上接語句に着目して、全体的な俯瞰の様子を、図の形で表わしてみることにする。

次頁の図1は、作品（年代順）と上接語句別に、「なんだ」と「なかった」の分布の状況を一覧の形で示したものである。上接語句としては、「なく中止形」の場合に特徴的だった「する」「居る」「対応する肯定形のない動詞句」「（ら）れる」の他、全体で五例以上あるものを取り上げた。また、「なかった」の例については、用例の（出現の）〝重さ〟とでもいうべきものを考慮し、それぞれの作品において、「なかった」が「なんだ」に対して劣勢であるか（全体の三分の一以下）、優勢であるか（全体の三分の二以上）、或いは、両者拮抗しているか（それ以外）によって、記号の形（白黒）を変えて示した。

これらの結果から見ると、「なかった」の成立に関しては、次のようなことが言えるのではないかと思われる。

(1) 動詞「居る」に下接する場合、及び、対応する肯定形を持たない表現の場合に、先行した可能性が強い。

(2) 動詞「する」「知る」「なる」、及び、助動詞「（ら）れる」に下接する場合がそれに続く。

(3) それ以外の場合は、「なかった」の導入は比較的遅れているようである。

そして、以上のような事実を総合的に眺めてみると、「なく中止形」の場合と同様に、助動詞に先行する部分が状態的な意味を表わしていたり、対応する肯定形を持たない定型的な表現全体が状態的な意味を持っている場

図１　作品の年代と上接語句による「ナンダ」「ナカッタ」の分布状況

（上接語句）	する	居る	肯定ナシ	ーられる	知る	なる	気が付く	聞く	思う	ーます	その他
（１）文政10			●				×		×		
（２）天保２～	×	●			×		×		×		●×××
（３）天保３～	×				●××		×			××××××	×
（４）天保４～						●×	××		×	××	×
（５）天保７			○								○×
（６）天保７～	●×			●×	●×	×			×	×××	●●×××
（７）天保８	○						○×			×	○○
（８）天保８～						●	××			××	×××
（９）天保９	●									××××××	×××
（10）天保９～					●●×	××	×	×		××××××	
（11）天保９～		●			×	×		×		×	
（12）天保10～					×				×	×××××	●
（13）天保12	×				×××					×××	●×
（14）天保12～						●			×	×	●××
（15）天保12～			●		×				×	×	××
（16）弘化			●		×					×	×
（17）嘉永５～				◒	◒◒◒		×	◒		×××	◒
（18）安政３～					×						◒
（19）万延１～	◒×						××	◒×			◒◒×

×＝ナンダ　　●＝ナカッタ（その作品の中で「ナカッタ」劣勢）
◒＝　〃　（　〃　両者拮抗）
○＝　〃　（　〃　「ナカッタ」優勢）

合から、「なかった」が採用され始めているという傾向は、大体明らかになったように思われるのである。

2・5　2節のまとめ

この節では、「なく中止形」の出現という現代の言語変化の現象と、「なんだ」から「なかった」への交替という近世期の言語変化の現象について、その言語内的な状況を詳しく観察しながら、両者を対照して眺めてきた。その結果、これら二つの現象には、次に挙げるような、かなり顕著な類似点が見られた。

i　古形の助動詞が、本来は形容詞の一変化形である新しい形式に置き換えられる

ii　置き換えられる過程で、状態的な性格を強く持った動詞（句）の場合から変化が進んでいる（と見られる）

このような、時（時代）を隔てた二つの言語変化の現象の中に、共通する言語的特徴が窺えるとしたら、それは言語変化というものの特性を考える上で甚だ興味深いことであると言え、著名な言語現象の一つである、いわゆる「ラ抜き」現象（二種類の可能動詞の成立）の場合なども、これと同様の観点から捉えることが出来るのではないかと考えられる。

3　「〜ていただく」形の変容《現代》と発生《近世》

3・1　授受表現（全体）の概要

この節では、授受表現補助動詞のうち、特に「〜ていただく」形に注目して、その歴史的な変遷を辿ってみたいと思うが、個別の問題に入る前に、授受表現全体の現在の体系について、その状況を先に確認しておくことと

したい。下に示す二つの表は、「授受動詞の種類」(表3)並びに「授受動詞と視点」(表4)について簡略にまとめた、庵(二〇〇一)よりの引用である。これを基本に据えた上で、歴史的な状況の方も確認してみる。

3・2 敬語史上における授受表現(補助動詞)

これまでの研究において、敬語史上の授受表現(補助動詞)の展開について中心的に触れているのは、宮地裕氏による一連の研究(特に、宮地(一九七五、一九八一)など)である。その後者の方より、ポイントとなる部分を抜き出してみよう。

わたくしは、さきにも触れたように、現代敬語意識からふりかえって、これら古代敬語の意識とのちがいをかんがえてみたい。そのために、あらかじめ私見としての現代敬語意識を整理しておくこととしたい。それは、(1)相対的社交敬語の意識、(2)場面的受恵敬語の意識、の二点にまとめられるとおもわれる。

〔中略〕

現代敬語の場面的恩恵授受の意識は、「(さし)あげる・くださる・いただく」という受給敬語動詞・同補助動詞の発達・頻用となって

表3　授受動詞の種類

非敬語形	敬語形
やる／あげる	さしあげる
くれる	くださる
もらう	いただく

表4　授受動詞と視点

	やる／あげる	くれる	もらう
与え手	主語		目的語
受け手	目的語		主語
視点	主語(与え手)	目的語(受け手)	主語(受け手)

あらわれているもので、古代敬語とちがう近代敬語の特徴のようにおもわれる。〔中略〕しかも、こういう受給敬語表現は、近世後期以降の発達と見られ、近代敬語の特徴と見ていいようである。既述の拙稿（宮地一九七五）から略図をつくって、その補助動詞の発達の状況をしめすと、次のようであって、遅速はあるが、一七世紀なかごろまでに「てくれる・てやる・てもらう」が出そろい、その敬語形「てくださる・てあげる・ていただく」は、それぞれ約二世紀あとに生まれたようであり、一九世紀なかごろまでに全部出そろったと見られる。

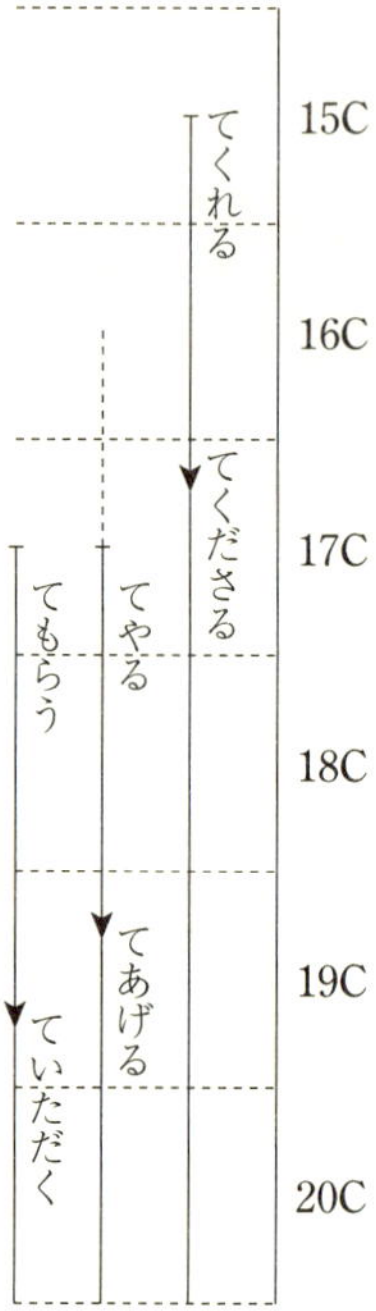

（同書、15〜18頁）

ただし、宮地氏の主な調査対象は一七世紀までのものであるため、引用中の図にある「てあげる」及び「ていただく」の用例の出現に関しては、多分に推測を含んだものである。

そこで筆者は念のために、これまでその用例に関して部分的に触れられることは多かったが、作品全体の共時的状況が明らかにされていなかった、一七世紀前半の資料である虎明本狂言集における授受表現補助動詞について詳細に検討したところ（金澤二〇〇九）、その結果をまとめると次のようになり、基本的には前記宮地（一九八一）の図が示すところと共通しているが、「てあげる」については、その出現はかなり遡れることが予想されるのに対し、「ていただく」については全く用例が見られず、不明な状況であることが分かった。

・虎明本狂言集における共時的状況

「てくれる」「てくださる」――発達期

「てやる」「てもらう」――成長期

「てあげる」「ていただく」――未発達期

※ただし、「てあげる」の場合は、萌芽的な段階

3・3 「〜ていただく」形の氾濫と変容《現代》

前記のような、一般的な知識や歴史的な概況を確認した上で、次にはまず、「〜ていただく」形に関する現在の状況を見てみることにしたい。多くの方が意識していることと思われるが、近年は、「〜ていただく」形の使用(氾濫?)が著しい。そして特に目立つ現象として、次の二つのことが挙げられるように思われる。

(1) 五段動詞に「〜させていただく」を接続させる、いわゆる「サ入れ」の現象

e.g.)「読まさせていただく」「終わらさせていただく」

(2) 本来「〜てくださる」と表現すべき部分に「〜ていただく」を使用する現象

e.g.)「今日だけで、十六万人の人が(私の映画を)見ていただいた」(三谷幸喜)

「概ね全ての皆さんが(私の構想に)共感を持っていただいた」(鳩山前首相)

このうち、後者の(2)に関して、筆者は金澤(二〇〇七)において、各種の話し言葉コーパスを資料として調査を行なった。その調査方法は、例えば次に示す「例1」や「例2」のように、話者が使用した「てくださる」と「ていただく」の変異形のうち、もう一方の表現と入れ換えることが可能な場合(「くださる」⇔「いただく」)を抽

出して集計するというもので、その結果は、下の表5の通りである。（下段の表は参考として、両形の総出現数。）

例1） それで、ちょっとあのー、金額上げてくださったりするんですね。

例2） あのー、お子さん（が）気に入らなかったら、返していただいて結構ですので。

表5

くださる	いただく
31 (14.4%)	184 (85.6%)

cf.）総出現数

くださる	いただく
201 (38.9%)	316 (61.1%)

そして、こうした傾向の出現について、次の引用のように推測した。

（こうした〝誤用〟の背景には、）相手となるべく直接的な関わりを持たない形で人間関係を維持してゆきたいというミーイズム的な心理が、無意識のうちに関わっているのではないかと考える。「てくださる」という表現は言うまでもなく「相手が」何かをするのであり、直接相手と関わってゆく感覚を抱きやすい表現である。一方、「ていただく」の方は、基本的に自分の側の問題であり、とりあえず相手とは直接関わらないで済む感覚を表わすものである。……こうした状況において心理的に「てくださる」が使いにくくなっているため、それに替わって「ていただく」を使用することにより、自身の側で感じる「ありがたさ」だけに焦点が当てられて、相手側と直接関わる（意識を持つ）ことなく事態を終了させることが可能となるというところに問題のポイントがあるのではないかと推測される。

（同書、50～51頁）

これに対して清水（二〇〇九）は、さまざまな場面を想定したアンケートとフォローアップインタビューを実施し、その結果をまとめるに当たって、次の引用に示されるように、菊地（一九九四）を参考にしながら、「ていただく」の尊敬語化への兆しを示唆している。（アンケートなどの詳細については省略。）

敬語が大衆化したのが敬語の歴史から見てまだ新しい現象であるということや、〈話題の敬語〉から〈対話の敬語〉

へという流れが現れてきていることなどから考えると、「くださる」に比べ用いられやすい「いただく」に意味の変化、また使用意識の変化が起こることは無理もないことである。今回研究対象とした、「(相手) が ～していただいた」等の例も、意識の変遷における一つの現象であると考えられる。

先に菊地（一九九四）が「たまはる」という語の例から、「いただく」の誤用も「いただく」が謙譲語から尊敬語へ変化する芽を含んでいることの表れかもしれないと述べていることを引いたが、そう考えると、変化の過渡期である現代の「いただく」は、その多くが聞き手に対する配慮で用いられることから、恩恵の方向性表示がぶれ、その「丁寧さ」だけが浮き彫りになった状態であると考えられる。（同書、223～224頁）

なお、「～せていただく」を例とする、形の上で丁寧に扱いつつ平等な相手との恩恵のやりとりの関係を表わす場合（「左右敬語」）など、敬語全体の丁寧語化の流れについては井上（一九九九）に詳しいところである。

3・4 「～ていただく」形の発生《近世》

さて、前記のように、現在、量的にも質的にも用法の急激な変化の中にあると見られる「～ていただく」形は、近世期において、一体どのような形で成立してきたのであろうか。先に3・2節で触れた通り、一七世紀前半の時点では、資料の中に全くその姿が見られなかったのである。その後の近世期における展開を、まず、（一応）継続的に資料を辿ることが可能な上方語資料（狂言、浄瑠璃、噺本、戯作、など）で調べてみたところ、筆者が調査を行なった範囲では、授受表現補助動詞としての「～ていただく」形は一例も発見することができなかった。上方語資料の中でそれが最初に出現するのは、明治二〇（一八八七）年代の落語速記本で、その用例数もさほど多いものではなかった。

そこで、近世後期に焦点を絞り、この時期の資料が上方語の場合より豊富な江戸語の場合について、各種資料に関して詳細な調査を行なった。その結果を「滑稽本」「洒落本」「人情本」に分け、六種類の授受表現補助動詞の出現数について示したのが下の表6である。〔調査資料については、稿末を参照。〕

これから見て明らかなように、他の五種の表現の場合とは異なり、「ていただく」形のみ、その出現が極端に遅れていることが注目に値する。そこで、ここに数えた二十一例について、その全ての例を出現年代順に示してみる。

① かごばうぐみらうそくが有めへのばうウ、一《いっ》挺《てう》かつていたゝかう（洒落本『南客先生文集』一七七九頃）

② コレヨお富どのに一寸《ちょっと》来ていたゞかつしやれと、さう云へ。（滑稽本『酩酊気質』一八〇六頃）

③ 竹次郎「左様でごぜえせう。養生坊様から譲つて頂いたのだ。古唐津さ。」（人情本『恋の若竹』一八三三）

④ おわか「それなら（本を）取つて頂かう。」と、此の中調子を合はせて、…（同右）

表6　江戸資料による近世後期の詳細（表中の数字は用例数）

	「てやる」	「てあげる」	「てくれる」	「て下さる」	「てもらう」	「て頂く」
滑稽本						
1802-14　『膝栗毛』	58	30	170	86	26	0
1806-14　三馬作品	74	20	91	34	26	1
1820-44　鯉丈作品	64	13	137	75	20	0
1857-63　『七偏人』	42	3	63	18	15	2
洒落本						
1760-79　（38作品）	98	45	356	43	16	1
1780-99　（80作品）	165	61	810	115	45	0
1800-19　（49作品）	121	79	908	83	43	0
人情本						
1810-29　文化・文政	178	76	477	405	66	0
1830-49　天保・弘化	616	428	2276	576	345	6
1850-69　安政～明治初	247	180	787	320	117	11

⑤ 小三「こんな野広いところへ泊めていたゞいて、おつかァよりあやかり者だの。」
（人情本『仮名文章娘節用』一八三四）

⑥ おりさ「…何卒《どうぞ》お押へなされて頂き度《た》う存じまする。」
（人情本『恋の若竹』一八三六）

⑦ お糸「私もお見捨てなく、可愛がつて戴きたいと、存じて居るので御座います。」
（人情本『處女七種』一八四二頃）

⑧ おとり「…、何様《どう》も、左様《さう》いたして頂くより、他に思案もあるまいと、…」
（人情本『湊の月』一八四八頃）

⑨ おませ「何卒《どうぞ》貴郎《あなた》にお願ひ申して、何ぞ書いて頂きたいものだと…」
（人情本『貞操園の朝顔』一八六〇前後）

⑩ 修業者「コレ、今の通り被仰《おつしや》るから、御回向をして頂かう。」
（同右）

⑪ お組「可哀さうだとか、不憫だとか、思つてさへ頂けば、…」
（人情本『春色恋廼染分解』一八六二頃――『日国』掲載例）

⑫ 茶目八「何は兎もあれ、早く見て戴いたらよからう」
（滑稽本『妙竹林話七偏人』一八六三頃――『日国』の掲載例）

⑬ 下手郎「石屋さんでもいゝから、一寸脈を見ていたゞかうぢやァねへか」
（同右）

⑭ 智清「貴君《あなた》にも聞いて頂いて、悪い所は直してお貰ひ申し度し、…」
（人情本『春色江戸紫』一八六四）

⑮ 智清「又お笛の手も、拵《こしら》へて頂き度いと存じますから、…」
（同右）

⑯ お絹「據《よんどころ》なく両三度、詠艸《えいさう》を直して頂いた、事が御座りましたが、…」
（同右）

⑰　お花「夫ぢやァ左様《さう》して頂きませう。」　(同右)

⑱　お富「それぢやァさうして頂きませう。…」　(人情本『毬唄三人娘』一八六五頃)

⑲　お絹「お言葉に甘えまして、左様致して頂けば、有難う存じます。」　(同右)

⑳　お清「発句位は吟《す》るが宜いと申して、池の端の永機さんに、直して頂きますが、…」　(人情本『春色玉襷』不明)

㉑　宗匠「牛屋の雁木《がんぎ》へ、著《つ》けて頂きたい。」　(同右)

これら二十一の用例について、その内容を詳しく見てみよう。

まず、前接の動詞については、「する」が三例、「致す」「見る」「直す」が二例ずつ、あとは「買う」「来る」「譲る」「取る」「なさる」「泊める」「可愛がる」「書く」「思う」「聞く」「拵える」「著ける」が一例ずつとなり、多様な様子が窺える。「する」の類が多いとはいえ、特に目につく傾向のようなものは見られないと言えよう。

次に、活用形や表現形式については、「〜たい」が五例、「〜う」が四例、「〜ましょう」「〜た」「〜て」「〜ば」が二例ずつ、あとは「〜たら」「〜ますが」「〜より」「〜しゃれ」が一例となり、希望や意志の表現が多目であるが、このこと自体は、現在の傾向とも共通する現象であり、当時の特に際立つ傾向とは考えられない。

また、使用者については、まず性別に関しては、男性七例に対して女性一四例で、確かに女性の場合が多いが、これらの資料における登場人物(発話者)の割合を考えると、やはり一般には女性が多い傾向があり、この点でも、特に際立つ特色はない。また、使用者を職業別に見ても、男性の場合は、駕籠屋・店主・息子・若者・宗匠・修業者などと多様であり、女性の場合は職業は不明の場合が多いが、用例の多い娘に加えて、年増や下女などの用例も見られ、ここでも特に強い傾向のようなものは窺えない。

最後に、この形式が敬語表現であるというところからくる、敬意の基盤（元となるもの）については、推定できる範囲で分析すると、地位的なものが六例、恋愛的な対象に関わるもの五例、商売に関わるもの四例、夫婦関係に関わるもの三例、仲間内の関係二例などとなり、ここでも際立った特徴は見出せない状況である。

このように、近世の（後期というより）末期に、突如ある程度の数の出現を見せてくる「〜ていただく」形の用例に関しては、あらゆる点で「特に際立った特色が見られないというそのこと自体が、一種の特徴である」と言うことができる状況で、用例数としては、授受表現の他の表現形式に比べて少な目であるとはいえ、用法面でのそれなりの広がりが予想される状況である。

なお、こうした点に関わりがあるかもしれないものとして、宮地（一九七五）の中の「てもらう」に関する説明の部分に次のような言及が見られる。


「てもらう」は、「てくれる」よりおくれるのはもとよりのこと、「てやる」よりもややおくれるようで、狂言以前の例をまだ見出していない。（中略）敬語形「ていただく」などはまだあらわれない。「てもらう」形受給表現が「てくれる・てやる」よりおくれて成立するについては、なんらかの表現価値的な意味がからんでいるかもしれないが、まだわからない。（同書、813〜814頁）

現代日本語のベネファクティブ（「てやる」「てくれる」「てもらう」などの表現）について、多方面から詳細に研究した業績として山田（二〇〇四）が挙げられるが、この中の第11章「授受動詞およびベネファクティブ構文の類型論的研究」によれば、主語であるところの「受け手」に視点が当てられる表現としての「てもらう／ていただく」は、世界的に見てもかなり特異な表現である模様で、そうした面での特性が、他の五種類の授受表現の場合と比較して、その成立時期や成立状況に関して、特異な傾向を示す元になっていると言えるのかもしれない。

3・5　3節のまとめ

この節では、広い意味での「近代敬語」の特色を示す代表的な現象である授受表現補助動詞のうち、特に「ていただく」形に焦点を絞り、「氾濫」とも表現できるような多用化や質的変容を見せる現代の現象と、「ていただく」形の成立時期と考えられる近世期の現象について、その言語内外の状況を観察しながら、両者を眺めてきた。その結果、これら二つは、特に他の五つの授受表現補助動詞の場合と比較すると、次に挙げるような、ともにかなり特異な様相を示しているらしいことが観察された。

i　近世期における出現が、他の五形式より極端に遅れる

ii　現代において、この形式のみにかなり特殊な（とも言える）発展が観察される

そして、こうした傾向の背景にありそうな特徴として、「てもらう／いただく」形が主語である「受け手」に視点がある表現であるということと、それに加えて、その現象の結果として「〜ていただく」形が、現在では本来の使用目的から変容しつつあり、ある意味で不安定な位置にある謙譲表現形式となっているということが、考えられるように思われる。

4　まとめと発展

言語変化のダイナミズムというものを考えた場合、類似した特徴や関連する現象などが、時の流れを隔てて異なった二つ（以上）の時代に起こったとすると、それは甚だ興味深い事実であると言える。しかもその一方が、

現代という時点において実際に変化の過程の中にあるとすれば、過去の事象についてもそれをある程度〝追体験〟してゆくことが可能となるわけで、その興味は一層高まってゆくものと考えられる。むろん安易な比較・対照は厳に慎まなければならないが、少なくとも現象を観察する時点においては、そうした意識や観点を頭の隅に置いておくことも、研究者にとって必要なことではないだろうか。

いささか飛躍した議論と捉えられるかもしれないが、本稿の2節で見た「なく中止形」という形式に関しては、学習者による日本語習得の分野と関わりのありそうな事実も観察されており（cf.金澤二〇〇〇）、こうしたアプローチには、言語変化の普遍性といったものにも繋がり得る大きな可能性が今後期待できるかもしれない。

調査資料

・『新編日本古典文学全集80　洒落本　滑稽本　人情本』小学館（二〇〇〇）
〔滑稽本〕
・『日本名著全集　江戸文芸之部第十四巻　滑稽本集』日本名著全集刊行会（一九二六）
・『新　日本古典文学大系86　浮世風呂　ほか』岩波書店（一九八九）
・『新編日本古典文学全集81　東海道中膝栗毛』小学館（一九九五）
・『花暦八笑人　滑稽和合人　妙竹林七偏人』有朋堂文庫（一九二六）
〔洒落本〕
・『洒落本大成』中央公論社（一九七八〜八八）
〔人情本〕
・『近代日本文学大系21　人情本代表作集』国民図書株式会社（一九二六）
・『日本名著全集　江戸文芸之部第十五巻　人情本集』日本名著全集刊行会（一九二七）

・『人情本刊行会叢書』人情本刊行会編（一九一五〜一七）
・『梅暦』上・下（岩波文庫）岩波書店（一九五一）
・『日本古典文学大系64　春色梅児誉美』岩波書店（一九六二）
※なお、上方語資料については、紙幅の関係で省略。

参考文献

庵　功雄（二〇〇一）「§9ボイス(2)—授受—」『新しい日本語学入門』スリーエーネットワーク
井上史雄（一九九九）「第9章「〜せていただく」の進出」『敬語はこわくない』講談社現代新書
金澤裕之（一九九七）「助動詞「ない」の連用中止法について」『日本語科学』1
金澤裕之（一九九九）「「なかった」新考」『国語学』196
金澤裕之（二〇〇〇）「超上級学習者の隠れた文法判断能力」『日本語教育』104
金澤裕之（二〇〇七）「「〜てくださる」と「〜ていただく」について」『日本語の研究』3-2〈研究ノート〉
金澤裕之（二〇〇九）「虎明本狂言集に見る「テ＋補助動詞」による授受表現の成立過程」『国語国文』78-1
亀井孝他（一九六五）『日本語の歴史6　新しい国語への歩み』平凡社
菊地康人（一九九四）「Ⅲ—4「くださる」「いただく」と「…てくださる／いただく」（など）」『敬語』角川書店
此島正年（一九七三）「第三章第二節「ない」」『国語助動詞の研究』桜楓社
清水　舞（二〇〇九）「日本語の授受表現について—補助動詞「ていただく」の誤用から見る授受表現の待遇性を中心に—」『文学部の新しい波』第8集（千葉大学文学部二〇〇八年度優秀卒業論文集）
中村通夫（一九三七）「『なんだ』と『なかった』」『東京語の性格』〈川田書房、一九四八〉所収）
宮地　裕（一九七五）「受給表現補助動詞「やる・くれる・もらう」発達の意味について」『鈴木知太郎博士古稀記念　国文学論攷』桜楓社
宮地　裕（一九八一）「敬語史論」『講座日本語学9　敬語史』明治書院

山田敏弘（二〇〇四）「第3部　第11章　授受動詞およびベネファクティブ構文の類型論的研究」『日本語のベネファクティブ
―「てやる」「てくれる」「てもらう」の文法―』明治書院

現代語からみた江戸語・江戸語からみた現代語

――ヨウダの対照を中心に

岡部嘉幸

【プロフィール】
おかべ・よしゆき
江戸語資料である洒落本、滑稽本、人情本というと、どうしても「古文」であるという先入観を持ってしまいがちですが、読んでみればわかるとおり、文法的にはちょっと変わった「現代文」です。では、その「ちょっと変わった」ところとは、具体的にどういうところなのでしょうか。それは、現代語と比べることで見えてくるはずです。そんな関心のもとに、現代語でも江戸語でも使われる推定表現形式のヨウダについて検討してみました。

【要旨】江戸語を一つの共時態と見なした上で、ある文法形式の特徴を考える場合、文法体系が似通っている現代語との対照が有効な手段となる。本稿では、推定形式ヨウダを取り上げ、両時代におけるヨウダの用法上の微妙な差異を指摘し、そこから見えてくる江戸語のヨウダと現代語ヨウダの特徴を考察した。

現代語と江戸語のヨウダの用法は、おおまかにいえば、一致する。しかし細かく見れば、以下の二点において違いが見られる。一点目は、江戸語には話し手の内的状態を描写する〈話し手の内的感覚〉用法というものが存在すること、二点目は、現在の状況をもたらした過去の出来事を推定する〈原因推定〉用法が江戸語には見当たらないということである。以上から、本稿では、江戸語のヨウダは「現状描写性」という性質をもつのに対し、現代語のヨウダは「現状解釈性」という性質をもつと結論づけた。

さらに、江戸語におけるヨウダと終止形接続のソウダとの差異についても言及した。

1　ヨウダをめぐって――江戸語と現代語の対照

ヨウダは、現代語と江戸語で非常に似通った意味・用法をもっているが、詳しく検討すると、異なる点が存在する。本節では、現代語のヨウダと江戸語のヨウダの用法を比較対照することを通して、江戸語および現代語のヨウダの特徴を探っていく。[*1] まず、1・1で、現代語のヨウダの用法について本稿なりの整理を示す。次いで、1・2で、現代語のヨウダの用法と対照させる形で、江戸語のヨウダの用法を整理し、記述する。その上で、1・3で両時代におけるヨウダの違いを指摘し、あわせて、現代語から見た江戸語のヨウダの特徴（逆から言えば、江戸語から見た現代語のヨウダの特徴）を指摘する。

1・1　現代語におけるヨウダの用法

周知のように、現代語のヨウダめぐっては、主に、ラシイとの比較という観点から膨大な数の先行研究が存在する。[*2] 本稿の目的は、現代語のラシイとの比較にはないため、ここでは個々の先行研究に具体的には触れないが、それらの先行研究を参考にしながら、現代語におけるヨウダの本稿なりの用法整理を示すこととする。用法整理

＊1　本稿では、主に終止法で用いられるヨウダを取り上げ、連体法のヨウナや従属節中のヨウニについては考察の対象から除外する。ただし、中止法のヨウデや接続助詞に接続する形については、終止法とほぼ用法が変わらないものと見て、考察の対象に含めた。なお、江戸語では、言い切りの形として「ようだ」という形の他に「ようじゃ」「ようさ」などの形も存在するが、本稿ではこれらを一括してヨウダと称し、考察の対象としている。

＊2　たとえば、寺村秀夫（一九七九）、早津恵美子（一九八八）、中畠孝幸（一九九〇）、田野村忠温（一九九一）、三宅知宏（一九九四）、野林靖彦（一九九九）、菊地康人（二〇〇〇）、大場美穂子（二〇〇二）、日本語記述文法研究会編（二〇〇三）などが挙げれられる。なお、先行研究の位置づけについては、野林（一九九九）や菊地（二〇〇〇）が詳しい。

にあたっては、江戸語との対照という視点を重視した用法整理を心がけた。なお、現代語の用例はすべて、筆者による作例である。

現代語のヨウダの用法は、おおまかに、A〈推定〉、B〈様態〉、C〈比喩〉の3つに分けることができると考えられる。以下、用例を示しつつ説明を加える。

A〈推定〉

(1)（外からザーという音がするのを聞いて）外では雨が降っているようだ。

(2)（免許を持っていないはずの友人が車を運転しているのを見て）春休みの間に教習所へ通ったようだ。

〈推定〉用法は「現在話し手が認識している状況の背後の事情を推定する」ものである。たとえば、(1)の場合、話し手が「外からザーという音がする」ことを認識し、その背後の事情は「外では雨が降っている」ということだろうと推定しているのである。このような場合を本稿では〈推定〉と呼ぶ。

ところで、(1)と(2)では、〈推定〉のあり方がやや異なっている。(1)の場合は、話し手が現在把握している状況の内実を推定するもの、言い換えれば、話し手が現在把握している状況に基づいて今現在起こっているであろう出来事を推定するものである。(1)に即していえば、既に述べたように、話し手が把握している「現在外からザーという音がする」ということの内実すなわち正体は何かと言えば「現在外で雨が降っている」ということなのだと推定するということである。これに対して、(2)の場合は、話し手が現在把握している状況をもたらした過去の出来事を推定するものといえる。(2)に即していえば、話し手が現在把握している「免許をもっていないはずの友人が車を運転している」という状況の原因は「春休みの間に教習所へ通った」ということなのだと推定するということである。*3

本稿では、(1)のような場合をA1〈内実推定〉、(2)のような場合をA2〈原因推定〉と呼び、区別することにする。ごく簡単に言ってしまえば、A1〈内実推定〉とは、現在の出来事を推定するもの、A2〈原因推定〉とは、現在の状況の原因となる過去の出来事を推定するものということになる。現代語のヨウダだけを見る場合、このような区別は不要であろうし、事実、現代語のヨウダに関する先行研究でこのような区別をたてているものはないようである。しかしながら、江戸語との対照という観点を持ち込むと、この差が重要になってくると思われる。以上のことを含め、改めて用例を示すと以下のとおりである。

A〈推定〉

A1〈内実推定〉

(3)（外からザーという音がするのを聞いて）外では雨が降っているようだ。（＝(2)）

＊3　以上の違いは「現在話し手が認識している状況」と「話し手の推定内容」との関係性の違いとしても説明できる。(1)の場合は、「現在話し手が認識している状況」＝「外からザーという音がする」という事柄と「話し手の推定内容」＝「外では雨が降っている」という事柄とが時間的に同時である（現在において「外で雨が降っている」という事態が存在している）のに対して、(2)の場合は、「現在話し手が認識している状況」＝「免許をもっていないはずの友人が車を運転している」という事柄に対して「話し手の推定内容」＝「春休みの間に教習所へ通った」という事柄が時間的に先行し、かつ、現在においてその事柄が存在しないという関係にある。

A2〈原因推定〉

(4)（免許を持っていないはずの友人が車を運転しているのを見て）春休みの間に教習所へ通ったようだ。（＝(2)）

B〈様態〉

(5)（混み合っている店内を見て）いつもより混んでいるようだ。

既に、多くの先行研究が指摘しているように、ラシイとの違いという面から見た現代語のヨウダの特徴の一つは、例文(5)のように、話し手が自らの感覚によって直接捉えた事態の様子を述べるという点にある。[*4] このようなヨウダの用法は、多く「様態」と呼ばれているので、本稿もそれに従って、〈様態〉用法と呼ぶことにする。たとえば、(5)の場合、「店内がいつもより混んでいる」という事柄は話し手の感覚により直接捉えられたものであり、そこに推論行為は存在しないと考えられる。

C〈比喩〉

(6)（宝くじの1等が当たって）まるで、夢でも見ているようだ。

〈比喩〉用法とは、「現在の状況が他の事態と似ている」ということを表す用法である。(6)で言えば、「宝くじの一等が当たった」という現在の状況が「夢を見ている」という状況と何らかの意味で類似しているということを語るためにヨウダが用いられているのである。

現代語のヨウダの用法は、おおまか、以上のように整理できると考えられる。

1・2　江戸語におけるヨウダの用法

それでは、江戸語におけるヨウダの用法はどのようになっているのだろうか。以下、現代語と対応させた形で、江戸語のヨウダの用法を示していく。[*5]

A〈推定〉

A1〈内実推定〉

(7)　松次郎は眼を覚し、松次郎「何だか大分【時刻ガ】おそい様だの」（花筐　454頁）

(8)（北八の態度を見て）弥次「へ、、どふやらはづかしいやうだ、ハ、、、、」（膝栗毛　466頁）

(7)は朝、目を覚ました松次郎が、周囲の状況（鐘の鳴る音など）から、現在の状況が「何だか時刻が大分遅い」のだろうと推定しているもの、(8)は富会所に入ろうとしない北八の態度から、「どうやら北八は恥ずかしがっている」のだろうと推定しているものであり、いずれもA1〈内実推定〉の例だと考えられる。

＊4　たとえば、中畠（一九九〇）、田野村（一九九一）、野林（一九九九）、菊地（二〇〇〇）、大場（二〇〇二）、日本語記述文法研究会編（二〇〇三）など。

＊5　今回の調査範囲については論文末の調査資料一覧をご参照いただきたい。江戸語の用例に付されている頁数は依拠本文における頁数を示す。なお、一部、用例の表記を改めたところやルビを省略したところがある。

ところで、現代語のヨウダには、例文(4)のようなA2〈原因推定〉の用法が存在したが、江戸語の場合はどうだろうか。今回の調査範囲では、〈推定〉用法の用例と解釈できる例が全部で二七例存在したが、そのいずれもが上であげたようなA1〈内実推定〉として解釈可能な例であり、確実なA2〈原因推定〉の用例は確認できなかった。[*6] この点は注意を要する点として挙げておきたい。

B〈様態〉

(9) (馬に乗っている北八に向って) 弥次「おらアそろ〳〵さきへいくぞ。ソレ北八、右のほうへかしぐよふだ。」(膝栗毛 256頁)

(10) (船に乗っている場面) 客「さし汐がだいぶはやいやうだ」(郭中奇譚 299頁)

現代語と同様、江戸語にも〈様態〉用法の用例が確認できる。(9)(10)ともに、話し手がその状況(北八が右の方へ傾ぐこと、さし汐がはやいこと)を自分の目で見ている場面である。

C〈比喩〉

(11) 妙心「お鶴、これ見な。誠に好い人形ぢやアないか。とんと生きて居る様だのう。」(花筐 155頁)

(12) (嫁の悪口)「ようかし雑巾の張返しも手にのらねへ。針を一本持せると、畳屋さんが端《へり》をさすやうだ。」(浮世風呂 125頁)

現代語と同様、江戸語でも〈比喩〉の用例が多数確認できる。

D〈話し手の内的感覚〉

(13) 川ごし「ナニおまい、サアそつちよヲつんむきなさろ。」ト二人をかたぐるまにのせて川へざぶ〳〵とはいる。北八「ア、なんまいだ〳〵。目がまはるよふだ。」（膝栗毛 128頁）

(14) 七吉「真実に貴君の力は、強大《ひどい》ぢやアありませんか。右の手が痺れて、覚えがないやうです。」（封じ文 334頁）

これらの用例におけるヨウダは、話し手の身体内部の感覚（内的感覚）を語っているものと捉えられる。たとえば、(13)の場合、川越しの肩に乗った北八が感じている「目が回る」という自己の感覚を述べるためにヨウダが使われ、(14)の場合は、七吉の「手が痺れて感覚がない」ということ述べるためにヨウダが使われていると考えられるのである。本稿ではこのようなヨウダの用法を〈話し手の内的感覚〉と呼ぶことにする。[*7] この用法は現代語には見られない江戸語特有の用法であるということができそうである。このような場合、現代語であれば、ヨウ

---

*6　岡部（二〇〇二）、岡部（二〇〇六）では、『花暦封じ文』における以下の用例を、ヨウダ唯一の〈原因推定〉の例として示している。

・（意外な時間に意外な場所で恋人と出会って）お前様は何だが、外（ほか）にお楽しみが出来た様ダネ。（276頁）

しかしこの例は、現状（恋人が意外な時間に意外な場所にいること）から原因となる過去の出来事を推定している〈原因推定〉というより、現状から推察すると、恋人の今の状態は「私の他に恋人（浮気相手）がいる」ということだと推定する〈内実推定〉だと解釈できるので、本稿では〈内実推定〉の内に数えておく。

ダを付けず「目が回る」「感覚がない」というのが普通であろう。

以上、見たように、現代語と比べたとき、江戸語のヨウダには二つの注目点があった。第一点目は、A〈推定〉用法のうち、A1〈内実推定〉用法の例とみられるものは、例文(7)や(8)のようなものが確認できるが、A2〈原因推定〉用法の確かな例というものが、今回の調査範囲では、確認できないという点である。第二点目は、現代語には見られないD〈話し手の内的感覚〉用法が江戸語には存在するという点である。

1・3　現代語から見た江戸語のヨウダの特徴

1・3・1　現代語のヨウダ・江戸語のヨウダの用法の広がり

ここまで現代語、江戸語の順にヨウダの用法を確認してきた。今一度、それぞれの時代におけるヨウダの用法の広がりを整理しておきたい。

現代語では、A2〈原因推定〉が存在し[*8]、D〈話し手の内的感覚〉が存在しない。一方、江戸語では、確実なA2〈原因推定〉の用例がなく、D〈話し手の内的感覚〉が存在する。これらの違いを表にまとめると、左の表一のようになる（江戸語に関しては今回の調査範囲での用例数もカッコ内に示す）。

江戸語と現代語では、このような用法の広がりが見られた。次に、現代語から見た江戸語のヨウダの特徴、逆に言えば、江戸語から見た現代語のヨウダの特徴というものを考えてみたい。その準備のために、まずは、AからDまでの用法相互の位置関係、言い換えれば、用法間の共通点と相違点を考える。

前もって見通しを述べれば、筆者は、A1〈内実推定〉、B〈様態〉、D〈話し手の内的感覚〉の用法は大雑把にいえば一つにまとめられるような共通性を持っているのではないかと考えている。また、同じA〈推定〉用法

［表一］現代語と江戸語におけるヨウダの用法分布

	A１ 内実推定	A２ 原因推定	B 様態	C 比喩	D 内的感覚
ヨウダ（現代語）	○	○	○	○	×
ヨウダ（江戸語）	○（27）	×	○（82）	○（76）	○（46）

に属するA１〈内実推定〉とA２〈原因推定〉とはある面で共通性を持ちながらも、ある面で大きく異なるのではないかと考える。まず、A１、B、Dの共通性から検討する。

１・３・２　A１、B、Dに共通するもの

江戸語において分布が見られるA１〈内実推定〉、B〈様態〉、D〈話し手の内的感覚〉の共通点は、話し手が

＊7　湯澤幸吉郎（一九五七）では、本稿にいうDの用法について、「これ【岡部注：ヨウダのこと】を自分に用いると、次のごとくただ、自分がそういう気がするという意味になることがある」（498頁）と述べ、たとえば、以下のような例を挙げている。

・おれの顔さへ見ると、あはれっぽい事ばかりいふから、おれまでが気色がわるくなるやうだ（娘節用、七、九ウ）

また、松本守（一九九八）も参照のこと。

＊8　本稿でいう現代語ヨウダの〈原因推定〉については、森山（一九八九）で「状況からの（逆行的）推論」という名称で指摘されており、ヨウダとその他の認識的ムードとの違いを示す事実の一つとされている。

認識した現在の状況を描写するという点（以下、「現状描写性」と呼ぶ）であると考えられる。

まず、BとDについて考える。Bは視覚で捉えた外的状態を描写し、Dは話し手の内的状態を描写（言語化）している。つまり、BとDは外的状態を描写するか内的状態を描写するかの差はあるが、同じく現状描写性を持っていると考えられる。

次に、A1について考える。A1は話し手が現在認識している状況、たとえば、「外からザーという音が聞こえる」という状況について、その内実は「外で雨が降っている」ということだと推定するものであるが、それは、見方を変えれば、話し手が現在把握している状況を、別の側面から描写しているということでもあると思われる。なぜならば、「外からザーという音がする」ということと「外で雨が降っている」ということとは、話し手にとって、一つの現象の二側面として捉えることができるものだからである。その点で、A1は現状描写的側面を持ち、B〈様態〉に連続的である。[*9] 以上のように、B、D、A1は現状描写性をもつという点で共通性を持っていると捉えられる。

1・3・3　A1とA2の共通点と相違点

次に、A1〈内実推定〉とA2〈原因推定〉との相違点について述べる。A1もA2も、現在そのようにある状況の背後の事情（内実ないし原因）を「〜である」と解釈するという点（以下、「現状解釈性」と呼ぶ）では共通である。しかし、すでに述べたように、A1〈内実推定〉は、現在の状況を別の側面から描写しているものとしても理解可能だった。これに対して、A2の場合、そのような理解が困難であると考えられる。なぜならば、A2では、現在の状況、たとえば、「免許を持っていないはずの友人が車を運転していること」と、その原因たる過去の出来事、たとえば「春休み中に教習所に通ったこと」とは、時間軸上の異なる時点に位置する二つの出来事なのであって、一つの現象の二側面と見なせないからである。ごく、簡単に言ってしまえば、現在の出来事を推定する内実推定は、見方を変えれば、現在の状況を描写するものとしても理解可能だが、過去の出来事を推定する原因推定は、その出来事が今現在存在していないという点で、現在の状況を描写するものとしては理解できないということである。

以上のことをまとめると、A1〈内実推定〉とA2〈原因推定〉とは、「現状解釈性」を持つという点においては共通だが、A1は「現状描写性」を持つものとしても理解可能であるのに対し、A2はそのような理解が困難であるという点において異なると考えられるのである。

1・3・4 現代語からみた江戸語のヨウダの特徴

以上のように、A〜Dの用法相互の位置関係を確認した上で、現代語から見た江戸語のヨウダの特徴、逆に言えば、江戸語から見た現代語のヨウダの特徴を整理する。

江戸語では、現在の状況を話し手の印象に基づいて描写するという働きをもつB〈様態〉、D〈話し手の内的感覚〉やそれと連続するA1〈内実推定〉がヨウダの用法の中心に位置している。つまり、江戸語のヨウダは現代語に比べて、現状描写性の側面が強いと考えられる。これに対して、現代語では、現状描写性を強く持つD〈話し手の内的感覚〉が存在しない一方、現状解釈性を強く持つA2〈原因推定〉が存在していることからわか

＊9 実際の用例を検討していくと、〈内実推定〉なのか〈様態〉なのか判断のつかない例が散見されるが、これも両者が連続的であることの一つの現れであると考えられる。

るとおり、江戸語に比べて、現状解釈性の側面が強いということができる。ただし、B〈様態〉が存在するという点で、現状描写的な側面も残している。

なお、C〈比喩〉は、類似性に支えられた現状の別事態の描写とも、類似性に基づいた現状の解釈とも捉えられる二面性のある用法だと思われる。以上のことを図示すると、下の図一のようになる。

2　江戸語における終止形接続のソウダ――ヨウダとの比較

江戸語には、ヨウダとよく似た意味をもつとされる形式として、終止形接続のソウダ[*10]（以下、終止ソウダ）がある。以下では、江戸語の終止ソウダの特徴を考えるとともに、江戸語におけるヨウダと終止ソウダの違いにも言及してみたい。

2・1　江戸語における終止ソウダの用法

現代語の終止ソウダが〈伝聞〉専用形式であるのに対し、江戸語の終止ソウダは〈伝聞〉と〈推定〉の用法をもつことが先行研究によって知られている。[*11]以下、終止ソウダの用法

［図一］現代語と江戸語における諸用法の位置づけと特徴

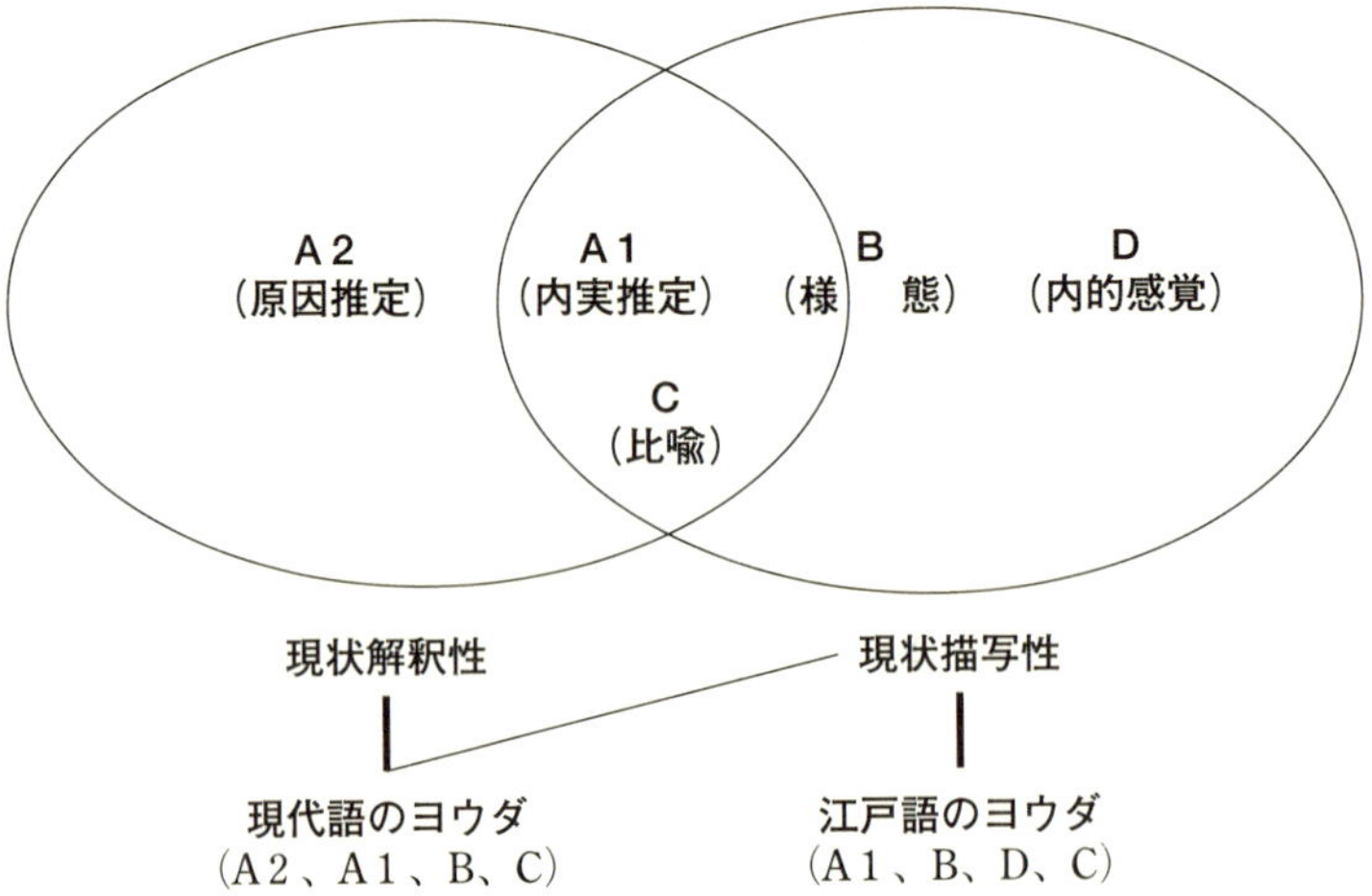

をヨウダに準じた形で示す。

A〈推定〉

A1〈内実推定〉

(15) そりやアいゝがたいそふ烱る。出前でも沢山焼（やく）そふだ。（梅児誉美 87頁）

(16)（隣の物音を聞いて）平「あゝやかましい。宵からの口きゝが、やうく出て行そふな。」（遊子方言 293頁）

A2〈原因推定〉

(17) 三八「珠さんは帰つたかえ。」お亀「あ、夜中に帰つたさうで、今見りやア居ないよ。」（花筐 278頁）

(18) 新造「ヲヤばからしひ。今のさはぎで、ゆびの輪をおとしたそふだ。」（四十八手 406頁）

E〈伝聞〉

(19) かも子「先日どなたにか承りましたがあなたはひなぶりをもお詠なさるさうでございますネ。（浮世風呂 221頁）

(20) 善「…（前略）…。今の旦那は後見だそうだが、ありやアモシ、古鳥左文太といふ盗人《どろぼう》の頭だそうでごぜへ

＊10 江戸語では「そうだ」以外に「そうな」「そうじゃ」「そうさ」「そうよ」などの形も用いられる。本稿では、これらの形をすべて一括してソウダと総称し、考察の対象とする。

＊11 たとえば、湯澤（一九五七）など。

ます。」（梅児誉美　236頁）

ヨウダには存在しなかったA２〈原因推定〉の例⒄⒅が、ソウダには存在することが注目される。また、ソウダには、B〈様態〉、D〈話し手の内的感覚〉の例が存在しないことにも注意が必要である。[*12]

2・2　江戸語の終止ソウダの特徴

現代語の終止ソウダはE〈伝聞〉のみを表わすが、江戸語の終止ソウダは、E〈伝聞〉のほかに、A〈推定〉の用法ももっている。これらの用法の広がりをもつ、江戸語の終止ソウダの特徴はどのようなものとして捉えられるだろうか。

本稿では、江戸語のソウダの特徴を「当該事態が経験的に把握されていないということ（当該事態が話し手にとって事実と確認された事態ではないこと）」（以下、「事態の未確認性」と呼ぶ）を表すものと考える。[*13] A〈推定〉は、事態解釈の場において、当該事態が事実として確認されていない事態であることを表すもの、E〈伝聞〉は、情報伝達の場において、当該内容が第三者からの情報であり、経験的に把握された内容ではないことを表すものとして理解される。要するに、江戸語の終止ソウダは、事態内容の性質（解釈内容であるか情報内容であるかなど）に関係なく、当該内容が経験的に把握できないという意味を付加するという機能を果たすものであったと考えられる。一方、現代語では、すでにそのような機能を失い、単なる伝聞表示専用の形式に変質してしまっているのである。[*14]

2・3　江戸語における終止ソウダとヨウダの違い

今回の調査範囲で言えば、A2〈原因推定〉の用例は、ヨウダには存在しなかったが、終止ソウダには存在した（例文⒄⒅）。また、ヨウダにはB〈様態〉、D〈話し手の内的感覚〉の用例が存在したが（例文⒀⒁）、終止ソウダには存在しなかった。以上のことを、表にまとめると次頁の表二のようになる（カッコ内は今回の調査範囲での用例数を示す）。

確かなことを述べるには、より広範囲かつ詳細な調査が必要であるが、現段階での見通しを述べておきたい。現段階では、これらの違いを、江戸語のヨウダが現在の状況を描写すること（現状描写性）をその中心的機能とす

---

*12　ただし終止ソウダには、以下に示すように〈様態〉とも解釈できそうな例が存在する。
・「あれ〜〜そふいう内、新ぞう衆が、おむかいに、お出なんしたそうで御座ります。」（遊子方言　285頁）
・（酒だと思って飲んだところお茶で）北八「ヱ、、ちやだそふな。ペツペ〳〵。」（膝栗毛　383頁）
前者は「向かいの座敷に新造衆が来る」という視認可能な場面を、後者は自分が飲んだ液体が「茶である」ということを述べるものである。これらは、断定可能な状況を、あえて、内実推定的に述べることで断定を避ける（前者は聞き手への配慮のため、後者は現実を受け入れ難さの表明のため）ものだと考え、〈内実推定〉の特殊パターン（あるいはいわゆる〈婉曲〉用法）と考えることにする。なお、岡部（二〇〇二）ではソウダに〈様態〉用法を認めているが、そこでの〈様態〉とはこのようなものを指す。

*13　話し手に経験的に把握されていない事態として、未実現の事態（未来の事態）というものもあり得るが、これについては終止ソウダでは表わすことができなかったようである。なぜ、終止ソウダで表わすことができなかったのかという理由についての考察は今後の課題としたいが、その理由の一つには、ダロウや連用形接続のソウダの存在があるのではないかと考えられる。また、「経験的に把握されていない」という特徴は、ダロウやニチガイナイなど推量表現一般に言える特徴であり、終止ソウダの特徴というには、広すぎる概念規定であるという面は否めない。この点も今後の課題としたい。

*14　近世におけるソウダ（ソウナ）の通時的な意味変化の様相に関しては、仙波（一九七六）に詳しい。ご参照いただきたい。

［表二］江戸語におけるヨウダとソウダの用法分布

	A1 内実推定	A2 原因推定	B 様態	C 比喩	D 内的感覚	E 伝聞
ヨウダ	(27) ○	×	(82) ○	(76) ○	(46) ○	×
ソウダ	(37) ○	(10) ○	×	×	×	(117) ○

る（B〈様態〉、D〈話し手の内的感覚〉、A1〈内実推定〉がその典型的用法）のに対して、終止ソウダは当該事態が経験的に把握されていないということ（事態の未確認性）を表すことをその中心的機能とするという差から説明できるのではないかと考えている。ソウダがA1〈内実推定〉、A2〈原因推定〉ともに表わすことができるのは、ソウダの関心が当該事態の未確認性を述べる点にあり、それが現状の内実なのか原因なのかという点には無関心だからではないだろうか。また、終止ソウダがB〈様態〉、D〈話し手の内的感覚〉を表わせないのは、Bの表す話し手が直接把握した出来事やDの表わす自己の内的感覚というものが、そもそも自己にとって経験的に把握されないということがあり得ないものであるからだと考えておきたい。

3　まとめ

以上、現代語との対照という観点から江戸語の推定形式ヨウダを中心に、その特徴の分析を試みた。これは、言ってみれば、現代語という江戸語の外部から、江戸語というものを眺めるという作業ということができるだろう。もちろん、江戸語のヨウダが様態的な性格をもつということは、多くの先学によって指摘されており、そのこと自体は周知の事実であるといってよい。しかし、現代語という江戸語の外部と比較対照することによって、江戸語におけるヨウダがどのような意味で様態的（本稿の用語を使用すれば現状描写的）であるのかということを具体的に明らかにできたのではないかと考える。

また、江戸語におけるある文法形式の特徴や実態を示すことは、現代語の同形式の考察に何らかの示唆を与えるのではないかと思われる。たとえば、本稿においては、江戸語のヨウダは現状描写性の強い形式であり、現代語のヨウダは、現状描写的な側面を残しつつも、江戸語に比べると現状解釈性の強い形式であると考えた。この「現状描写性」と「現状解釈性」という切り口から現代語のヨウダを再度眺めてみるという可能性はないだろうか。もしあるとしたら、それは江戸語と現代語とを対照することから生じる一つの成果なのではないかと考える。さらに、本稿では、江戸語と現代語という時間的な二点間の相違を示したわけだが、そこから、ヨウダの中心的意味の歴史的変化を予測することができる。すなわち、ヨウダの中心的意味は「現状描写的なもの」から「現状解釈的なもの」へと変化したのではないかという予測である。本当にそのような歴史的変化があったのかを確かめることは今後の課題となるが、少なくともそのような予測を提示できることは、やはり江戸語と現代語の対照研究による一つの成果であろう。

ところで、現代語のヨウダとラシイの差異に関する研究には、おおきく二つの立場があるようである。第一の立場は、ヨウダとラシイを共通のカテゴリに属する（たとえば「推定」を表すもの、「証拠性に基づく判断を表すもの」など）として一括した上で、両者の使い分けを検討しようとするもので、寺村（一九七九）や早津（一九八八）などはこの立場にあると言えるだろう。第二の立場は、そもそもラシイとヨウダでは基本的な性格が異なると考える立場である。この立場では、大略、ラシイは推定であるのに対し、ヨウダは様態であると考えているようである。たとえば、中畠（一九九〇）、田野村（一九九一）、菊地（二〇〇〇）、大場（二〇〇二）などは大雑把にいえばこの立場に属すると考えられる。現代語におけるこのような二つの立場の違いは、本稿からいえば、現代語のヨウダにおける「現状解釈的側面」を重視するか「現状描写的側面」を重視するかの差として捉えられる。ヨウダが現状解釈性の強い形式だと見なせば、それはラシイと同様、推定形式の一種だと捉えられることになるだろうし、一方、現状描写性の強い形式だと見なせば、ラシイとは異なりヨウダは様態を表す形式と見なすことになるのだろう。前者の立場にたって、ヨウダとラシイの使い分けを考えようとする際には、少なくとも江戸語のヨウダは現状描写性の強い形式であったということを念頭に置いて考えることが必要になるだろうし、一方、後者の立場に立つならば、現代語のヨウダは江戸語のヨウダよりは現状描写性が弱い（D〈話し手の内的感覚〉を表すことができない）という点を認識した上で、現代語におけるヨウダの様態性というものをどのように規定するかを考える必要があるように思われる。このようなことを示唆できるのも、江戸語の文法から現代語の文法を見る一つの効果なのではないだろうか。

最初にも述べたように、江戸語と現代語では用いられる文法形式がほぼ同一で、文法体系も非常に似通っている。だからこそ、両者を対照し、両者の間での微妙な差異を見つけることで、両時代における文法形式の特徴を描き出すことができるのである。本稿では推定形式であるヨウダを取り上げたが、この他にも様々な形式が対象になると思われる。一例を挙げれば、ノダ、ダロウ[*15]、ラシイ、副詞のカナラズ[*16]などがそれにあたる。今後とも現代語との対照という観点からの江戸語文法の研究に取り組んでいきたい。

調査資料

○洒落本

『郭中奇譚』（臼岡先生、明和六（一七六九）年）（『洒落本大成』第四巻による）

『遊子方言』（田舎老人多田爺、明和七（一七七〇）年）、『通言　総籬』（山東京伝（一七八七）年）、『傾城買四十八手』（山東京伝、寛政二（一七九〇）年）（以上、岩波書店刊『日本古典文学大系』による）

○滑稽本

『東海道中膝栗毛』（十辺舎一九、享和二（一八〇二）～文政五（一八二二）年）、『浮世風呂』（式亭三馬、文化六（一八〇九）～文化十（一八一三）年）（以上、岩波書店刊『日本古典文学大系』による）

○人情本

『春色梅児誉美』（為永春水、天保三（一八三二）～天保四（一八三三）年）、『春色辰巳園』（為永春水、天保四（一八三三）年～天保六（一八八五）年）（以上、岩波書店刊『日本古典文学大系』による）、『花筐』（松亭金水、天保十二（一八四一）年）、『春色恋乃染分解』（山々亭有人、万延元（一八六〇）年～慶応元（一八六五）年、『花暦封じ文』（山々亭有人、慶応二（一八六六）年）（以上、人情本刊行会編『人情本集』による）

※なお、『人情本集』の本文は、原文の改変や省略が甚だしいので、使用すべきではないという意見がある。本稿では、『人情本集』本文で用例を検索した後、筆者所蔵原本および東京大学国語研究室所蔵原本により用例を確認し、また、脱落部分の用例検索も原本によって行っていることを付言する。

---

*15　現代語との対照という観点から江戸語のノダを扱ったものとして、土屋信一（一九八七）、ダロウを扱ったものとして、土屋（二〇〇三）、土岐留美江（一九九九）、同（二〇〇二）がある。

*16　副詞のカナラズは近世においては、以下に示すように否定表現と共起した。これは現代語にはない用法である。詳しくは岡部（二〇一一）をご参照いただきたい。

・女房「そう仕なせへ。必（かならず）好男（いゝをとこ）を持なさんな。」（浮世風呂　152頁）

参考文献

大場美穂子（二〇〇二）「日本語の助動詞「ようだ」と「らしい」の違いについて」『マテシス・ウニウェルサリス』3-2（獨協大学）
岡部嘉幸（二〇〇二）「江戸語におけるソウダとヨウダ―推定表現の場合を中心に―」『国語と国文学』79-10
岡部嘉幸（二〇〇六）「江戸語の文法―江戸時代後期における―」『日本語学』25-5（四月臨時増刊号）
岡部嘉幸（二〇一一）「否定と共起する「必ず」について―近世後期江戸語を中心に―」『人文研究』40（千葉大学）
菊地康人（二〇〇〇）「「ようだ」と「らしい」―「そうだ」「だろう」との比較も含めて―」『国語学』51-1
仙波光明（一九七六）「終止連体接続の「げな」と「さうな」―伝聞用法の発生から定着まで―」『佐伯梅友博士喜寿記念国語学論集』（表現社）
田野村忠温（一九九一）「「らしい」と「ようだ」の意味の相違について」『言語学研究』10（京都大学）
土屋信一（一九八七）「浮世風呂・浮世床の「のだ」文」近代語学会編『近代語研究7』（武蔵野書院）
土屋信一（二〇〇三）「「のだろう」以前―江戸語の「だろう」の用法―」『小松英雄博士退官記念日本語学論集』（三省堂）
寺村秀夫（一九七九）「ムードの形式と意味（1）―概言的報道の表現―」『文芸言語研究（言語篇）』4
土岐留美江（一九九九）「「だろう」の用法分類についての一試案―後期江戸語を中心に―」『愛知教育大学研究報告』48（人文・社会科学編）
土岐留美江（二〇〇二）「「だろう」の確認要求の用法について―江戸時代後期と現代における様相の比較―」近代語研究会編『日本近代語研究3』（ひつじ書房）
中畠孝幸（一九九〇）「不確かな判断―ラシイとヨウダ―」『三重大学　日本語学文学』1
日本語記述文法研究会編（二〇〇三）『現代日本語文法4　第8部モダリティ』（くろしお出版）
野林靖彦（一九九九）「類義のモダリティ形式「ヨウダ」「ラシイ」「ソウダ」」『国語学』197

早津恵美子（一九八八）「「らしい」と「ようだ」」『日本語学』7-4
松本　守（一九九八）「江戸期のソウダとヨウダについて」『専修国文』63
三宅知宏（一九九四）「認識的モダリティにおける実証的判断について」『国語国文』63-11
森山卓郎（一九八九）「認識のムードとその周辺」仁田義雄・益岡隆志編『日本語のモダリティ』（くろしお出版）
湯澤幸吉郎（一九五七）『増訂　江戸言葉の研究』（明治書院）

時間的・空間的比較を軸にした近世語文法史研究

――ソレダカラ類の語彙化を例として

矢島正浩

【プロフィール】
やじま・まさひろ

日本語の条件表現は、かつて大きくは未然形＋バと已然形＋バが担っていましたが、現代では、バ・タラ・ナラやノデ・カラ等さまざまな種類の接続助詞を使って複数の論理・意味関係を表し分ける方法となっています。この違いは、いつごろから、なぜ、どのようにして生じたのでしょうか。このような、文法上で起きるさまざまな変化の様子やそのしくみに関心を持って、文献中で用いられる表現例一つ一つの意味を考えながら検討しています。

【要旨】現代の共通語で用いる接続詞的用法ソレダカラはどのような経緯を経て今日のような使用に至るのか。その道筋を見極めるために、その構成要素である接続辞を条件表現全体の使用状況と比較し（言語事項的比較）、近世から近代、現代へという長期に渉る歴史の中に位置づけ（時間的比較）、江戸・東京語の使用状況をたどりながら、近世期には中央語の位置にあった上方・大阪語のそれと比較検討する（空間的比較）方法で検討する。

江戸語では、ソレダカラ類の接続詞としての一語化が上方語より先行し、早くから多用傾向を生じている。上方語でも江戸語よりは低頻度ながらソレジャニヨッテ等の対応形式を用いるが、他にもソウジャサカイ等のように指示詞や接続辞の組合せは自在であって語彙化の様相が見えにくい。その状況が、明治以降も東京語で主導的に同表現に新たな用法が発達する実状へと連続し、大阪語の接続詞的用法はその影響を大きく受けるなどの近・現代のありようへとつながっていく。

1　問題の所在

1・1　検討の方向性

先に、筆者は矢島（二〇一〇a・b）において、近世期以降の上方・大阪語と江戸・東京語資料を取り上げ、接続詞的用法ソレナラ・ソレデハ類の歴史的推移について観察を行った。その際、明らかにしたのは次のような点である。

・中央語の位置にあった上方語でソレナラの語彙化が先行。江戸語はその影響を受け、後追いで同形式の使用を始める。

・やがて江戸語ではソレデハが発生し、のちに一気にソレナラに代わって定着する。

・明治期以降、大阪語でも、一部でソレデハ使用。そこには、それまでの上方語に代わって中央語の位置についた東京語からの影響が認められる。

前稿は、ソレナラ類の推移を記述するに際し、その構成要素である接続辞を条件表現全体の使用状況と比較すること（言語事項的比較）を通じて語彙化の状況を観察し、近世期の特徴を、続く近代以降の流れも含めた歴史の中に位置づけ（時間的比較）、さらに上方・大阪語と江戸・東京語という地域的に隔たった言語の影響関係を視野に入れた検討（空間的比較）を行うことによって、状況が多面的に解明されることを述べたものであった。

本稿は、その方法を拠り所としながら、ソレナラ類に隣接する表現であるソレダカラ類の歴史記述を行う。それによって、近世語文法史研究において、これら複数の比較軸を用いた検討方法によって初めて明らかになる部分があることを述べ、この方法の実効性を改めて主張することとする。

表1　体言類を受ける原因理由文を構成する接続辞の推移（接続詞的用法を除く）

資料			ナレバ	ユエ	断定＋ニヨッテ	断定＋ヨッテ	断定＋サカイ	断定＋カラ	(他)	(計)
上方・大阪語	近世中期	歌舞伎狂言本	29	8	10				7	54
		歌舞伎台帳			10				5	15
		近松浄瑠璃	86	4	1				5	96
		紀海音浄瑠璃	28	9	1				3	41
		噺本	11		4		1		8	24
	近世後期	洒落本	11	6	27	15	9	2	10	80
		滑稽本	8	3		65	3	5	19	103
	近代～現代	明治落語速記	6	10	7	34	1	24	6	88
		明治大正落語音声	1			10	22	23		56
		昭和落語音声	1			3	65	31	13	113
		昭和談話				6	41	13	8	68
		平成談話						33	4	37
江戸・東京語	近世後期	噺本	2	2	5			8	1	18
		洒落本	3	3	4			24	1	35
		滑稽本	7	38	2			287	2	336
		人情本	2	16				56	1	75
	近代～現代	明治小説	1	4	1			159	4	169
		明治大正落語速記		1	2			74	6	83
		明治大正落語音声	1			1		29	2	33
		昭和落語音声						46	3	49
		昭和談話						23	1	24

〈備考〉項目には接続詞的用法にも共通して使用の見られた接続辞だけを立てるとし、同用法のない「ほどに・ので・もの・で・に・だけに・からして・ところで・し」等は「(他)」で一括する。各資料中で使用の最も多い形式例数に網掛けを施した。

1・2　方法の設定

調査対象を、近世中期以降現代までの上方・大阪語[*1]ならびに近世後期以降現代までの江戸・東京語とする。近世期以降の町人レベルのやり取りの再現が何らかの意味合いにおいて期される文芸作品（歌舞伎狂言本・台帳・浄瑠璃・噺本・洒落本・滑稽本・落語など）や談話資料を用いる。両地域の、それぞれ似通った成立目的において成る資料を取り上げることで、地域的な特徴を相対的に明らかにできるものと考える。このように前稿と同様の方法によって、まずは時間的・空間的比較の軸を定める。資料は、本稿末に示す。

本稿で取り上げるのは、「それだから」のように「指示詞＋断定辞＋接続辞」の形式[*2]を取る、原因理由を表す接続詞的用法である（以下、「ソレダカラ類」とする）。もう一つの観点である言語事項的比較については、ソレダカラ類の構成要素である接続辞部分と、通常の原因理由文の接続辞を、その中でも特に構造的に共通する体言類を受けるものと比較することによって行っていくこととする。

【接続詞的用法】（それ）だから、行かない。→本稿の検討対象

【体言類を受ける原因理由文】雨だから、行かない。→比較対象とする

【活用語を受ける原因理由文】雨が降っているから、行かない。→比較対象としない

2 原因理由文を構成する接続辞の推移

2・1 概要

最初に、通常の原因理由文として用いられる接続辞の推移についてである。前頁に、調査対象中に用いられる体言類を受ける原因理由文の接続辞・形式別用例数を、資料ごとに示した（表1）。

この表に明らかなように、まず上方・大阪語は、ナレバ（断定＋バ）・ユエ→断定＋ニヨッテ→断定＋ヨッテ→断定＋サカイ・カラ（以下、断定辞を必須とする形式については一々「断定＋」を記さない）と、使用上位の形式の移り変わりが激しい。一方、江戸・東京語は、近世期にはナレバ（本形式に限り、断定・未然形＋バとの区別を明示すべく「ナレバ」と以下記す）・ユエ・ニヨッテの一定使用が見られるが、カラを基本形式とすることでは調査期間を通して

＊1　本稿では、上方語をおおむね大坂・大阪語資料によって検討しているが、中央語としての位置づけも含めて解釈を試みる以上、京都語資料の調査も今後行わなければならない。

＊2　指示詞を取らない「だから」も、同系統の表現として検討対象に含める。後述する歴史的状況や用法等から、「だから」という形式は「それだから」の安定使用があってそれを前提とすることによって派生するものと考えられることによる。

ほぼ一貫している。このように変化の大小という点で、両言語に著しい相違が見て取れることがわかる。

2・2　地域差ならびに影響関係

続いて、両地域で共有される接続辞について検討する。そのうち、**ナレバ・ユエ**は、改まった、あるいは硬い物言いの文体中で用いられる。断定辞が、前者はナレであり、後者は基本的に不要である点でも、他の原因理由表現とは異なっている。

(1)（中老・尾上《おのえ》）用意の御銚子《おてうし》もあり、お肴もある事なれバ、此ものどもへ大きなる器《うつわ》にて呑《のま》せ、手より手にわたし、少しも下に置ときは、館《やかた》へ引立《ひきたて》ませう。（江戸・滑稽本・八笑人302・11）

(2) 御当家《ごたうけ》も今日《こんにち》の事《こと》に付《つ》きまして何分《なにぶん》多忙《たばう》故《ゆゑ》延引《えんにん》の段《だん》お海容下《ゆるしくだ》されまするやう。（大阪・明治落語速記・焼物取15・6噺の種）

このような文語性を帯びた表現は、汎地域的な日本語として、少なくともこの両地域においては広く共有されていたことを、まずは確認しておく。

それ以外の接続辞については、地域的特性を考えるために、それが受ける断定辞も込みで検討する。次の**表2**に、断定辞の使用状況を、接続辞別に示した（デ＋補助動詞類を除く。近世期資料はまとめて示す）。

ニヨッテは、その使用数から見て、さらにはヨッテをその後継とすることも含め、上方・大阪語で勢力が強い。上方・大阪語資料では、基本的に断定辞は上方系のジャとの組合せで用いている。一方、江戸・東京語のニヨッテは、カラの圧倒的な勢力と比べ、限られた使用に止まる。全14例中10例が断定辞にジャを受け（噺本5、洒落本3、明治期資料2）、ダは4例（洒落本1、滑稽本2、明治期資料1）である。ダを多用する江戸・東京語にあって、ニ

表２　体言類を受ける原因理由文における接続辞と断定辞の関係

（断定辞）		ジャ				ヤ				デス			ダ	
（接続辞）		ニヨッテ	ヨッテ	サカイ	カラ	ニヨッテ	ヨッテ	サカイ	カラ	ヨッテ	サカイ	カラ	ニヨッテ	カラ
上方・大阪語	近世中期資料	24		1										
	洒落本	27	15	9										2
	滑稽本		58	3										2
	明治落語速記	3	8		1	1	25	1	2			8	3	8
	明治大正落語音声				3		7	19	9	1	1	6		3
	昭和落語音声		1		1		1	48	6	1	12	21		1
	昭和談話							4	9	3	26	3		1
	平成談話								26			1		6
江戸・東京語	近世後期資料	8			5								3	348
	明治小説	1			6							5		129
	明治大正落語速記	1										10	1	52
	明治大正落語音声											4		19
	昭和落語音声											9		34
	昭和談話													23

ヨッテのジャとの相性のよさは注目に値しよう。さらにまた、使用数の少ないことも合せると、江戸・東京語の原因理由表現としては周辺的な位置に止まるものであることが知れる。*3

対照的に**カラ**は江戸・東京語での使用に特徴がある。上方語では近世中期資料には例が見出せず、*4 近世後期資料に現れる例も、すべて東の方言要素を含む発話者の使用例に限られる。

(3)老実《まじめ》に講《こう》しやくとでかけたがイヤモ面白《おもしろ》くもねヱことをいつてゐるもんだから気《き》づまりでいけねヱノダ。
(上方・滑稽本・穴さがし心の内そと459・14)

ところが、明治期以降大阪語資料では明らかにカラの増加傾向が認められる。ただし、そのカラ例は、他の接続辞に比べてダやデスを受ける傾向が強く、この点に東京語の影響を考える必要がありそうである。

(4)素《もと》より番頭《ばんとう》は華美《はで》な事《こと》が好《す》きですから、友染《いうぜん》の襦袢《じゆばん》鹿子《かのこ》の襦袢《じゆばん》取交《とりま》ぜ四五枚も重着《かさねぎ》をして（略）芸妓《げいこ》幇間《はうかん》に取囲《とりかこ》まれて大道《だいどう》を我侭《わがまゝ》一杯《ぱい》。
(大阪・明治落語速記・百年目13・10速記の花)

なお、カラがデス・ダとよく共起する事実はあるとしても、表2に示す通り、ジャ・ヤを受ける場合も少なくない。この点は、後述する接続詞的用法と異なるところである。

(5)うちらの一年代やから、ナニ、着物のヤツ来おへん？ 振袖の。
(大阪・平成談話・談話1・110B)

一方の江戸・東京語では、調査範囲では一貫してカラが基本形である。断定辞にはデス・ダがほとんどであるが、明治小説までは一部ジャとの組合せ例がある。*5 この点でも、後述する通り、接続詞的用法と異なっているのであり、注意が要る。

(6)晩《ばん》には皆《みな》がくるはづじやから、何もないが、貴様もきてはなし給へ。
(江戸・噺本・聞上手397・13)

上方・大阪語にのみ見出されるのが**ヨッテ・サカイ***6である。断定辞はジャ・ヤを取り、昭和期まではカラよりも勢力が強い。なお、江戸・東京語には進出していない点に、明治期以降の大阪語が、それまで上方語が有していたような影響力を持ちあわせていない様子がうかがえよう。

(7)まあ、久しぶりやよって一本つけよう。（大阪・明治大正落語音声・絵手紙44・5報告書Ⅰ）

(8)お久しぶりでっさかいゆっくりしとくれやんな。（大阪・昭和談話・全国方言211・4）

以上、上方・大阪語と江戸・東京語の原因理由接続辞の使用を概観した。以下で述べる接続詞的用法との相違を検討する上で重要な点を繰り返せば、次の通りである。

・両地域で共有する接続辞には、ナレバ・ユエの他に、ニヨッテ（上方・大阪語で多用）、カラ（江戸・東京語で多用）がある。大阪語でのカラの使用には、東京語の影響が関わっていそうである。

・大阪語のカラは断定辞にダ・デスの他にジャ・ヤも取り、江戸・東京語のカラはダを基本としつつも、近世後期・明治期の限られた時期に一部でジャも取った。また同時期の江戸・東京語のニヨッテにも、ジャを取

＊3　ニヨッテが、江戸語で、ジャなどのように上方語の影響下で用いられたと見ているわけではない。近世前期の東国資料である「雑兵物語」などでもニヨッテは用いていた（原因理由文全147例中11例）のであり、ここは、ニヨッテが上方語に先んじて、江戸語で生命力を失いつつあった様子を観察するものである。

＊4　ただし、活用語を受ける原因理由文であれば近世中期資料から既にカラは少数ながら見出せる。つまり、もともと上方語においてもカラの原因理由文での使用（すなわち格助詞から接続助詞への転用）の素地はあったということである。

＊5　江戸語資料の体言類を受けるカラ原因理由文の場合、断定辞ジャを取るのは少数派であり（噺本4例、滑稽本1例）、上方語系表現との相性の良かったニヨッテとは、その点で様子が異なる。

＊6　小林（一九七七）に「人天眼目抄」等の東国系抄物や「雑兵物語」にサカイ類が用いられるという指摘がある。この調査結果は、江戸語ではカラの勢力が強かったために、サカイは日常語として広がらなかったことを示すものであろう。

表３　接続詞的用法の接続辞の推移

資料			ナレバ	ユエ	断定＋ニヨッテ	断定＋ヨッテ	断定＋サカイ	断定＋カラ	(他)	(計)	X
上方・大阪語	近世中期	歌舞伎狂言本		5						5	8.5
		歌舞伎台帳			2					2	11.8
		近松浄瑠璃	1	2						3	3.0
		紀海音浄瑠璃			1					1	2.4
		噺本								0	0.0
	近世後期	洒落本	1		2	1	1			5	5.9
		滑稽本		1	2	9	1	1		14	12.0
	近代～現代	明治落語速記		8		9		6		23	20.7
		明治大正落語音声		1		1	2	4		8	12.5
		昭和落語音声				1	7	7	1	16	12.4
		昭和談話				1	1	22	1	25	26.9
		平成談話						55		55	59.9
江戸・東京語	近世後期	噺本		1	1			1		3	14.3
		洒落本						4		4	10.3
		滑稽本		6	5			49		60	15.2
		人情本	1	5				9		15	16.7
	近代～現代	明治小説						27	1	28	14.2
		明治大正落語速記		2				11		13	13.5
		明治大正落語音声						6		6	15.4
		昭和落語音声						10		10	16.9
		昭和談話						59		59	71.1

〈備考〉

※各資料中、使用の最も多い形式に黒枠を施した。

※表１で網掛けをした箇所（＝原因理由文・接続辞として使用多数の箇所）に、本表でもそのまま網掛けを付した。

※Ｘ欄＝（接続詞的用法）／（接続詞的用法＋原因理由文）×100（％）

＝（表３の用例数／表１と表３の用例数の合計）×100（％）

る傾向が明確に認められる。つまり、断定辞は、それぞれの地域特有表現を中心として、両地域言語相互の影響（上方語→江戸語／東京語→大阪語）をも反映するものである。

・大阪語におけるヨッテ・サカイは断定辞にジャ・ヤを原則として取り、昭和期までカラより多用される。

3　接続詞的用法を構成する接続辞の推移

次に、接続詞的用法として用いられる例について資料別使用状況を見ておく（前頁表3）。表中の網掛け部分と黒枠部分の重複／ズレ（表1と3の比較。すなわち「言語事項的比較」）からおおよそ以下のことが見えてくる。

まず、概して網掛けと黒枠の多くの箇所が重複している。このことから、体言類を受ける原因理由文の接続辞と、接続詞的用法の接続辞の推移・使用傾向は似通っていると言える。ただし、次の二点に食い違いがある。

(a)近世中期上方語において原因理由文で多かったナレバが接続詞的用法では少なくユエが多い。

(b)近・現代大阪語の原因理由文ではサカイの勢力が強いのに対し、接続詞的用法ではカラが強い。

(a)は、ソレナレバの形では接続詞的用法は未発達であったことを物語る。[*7] 一方の(b)であるが、これは、カラ使

*7　ソレナレバという指示詞＋断定辞＋接続辞という形式が、原因理由を表す接続詞的用法として未発達だったのは、已然形＋バがその位置づけを仮定形＋バに変えつつあった時代にあって仮定用法として用い得たこと（次例参照）、そして、そのことが、特に、接続詞的用法のように文脈依存の高い表現では、情報交換上の負担を強いることに結びついてしまうことなどが関わっていたと考えられる。

・兄きの手へ渡りしはお主から行た文な。それなれば此小春は死ぬるぞ。　（上方・近松・網島11・732・8）

用には東京語の影響が関わっているとすると、接続詞的用法の方が原因理由文の接続辞よりもその影響が大きかったことを示していよう。

また、表中のX欄の値は、いわば各資料中における接続詞的用法の用いられやすさの度合である。近世期の上方語では接続詞的用法例の使用率が低く、滑稽本以降に至って漸く江戸・東京語並みの比率となる。一方の江戸語は、調査範囲の初期段階から接続詞的用法の多用傾向が見える。つまり、上方語に先んじて江戸語において接続詞的用法が発達したことになる。上方・大阪語で、特に近代以降、原因理由文より接続詞的用法でカラを突出して多用するのは、その江戸・東京語の影響を受けたためであると考えられよう。

4 近世期資料における接続詞的用法——指示詞・断定辞・接続辞の関係より

接続詞的用法が、近世期上方語においては十分に発達していなかった様子、江戸語の方で先行して多用する傾向があったことなどを先に見た。ここでは近世期資料を限定的に取り上げて、接続詞的用法の発生・定着の様子を詳しく明らかにしたい。

最初に、接続詞的用法を構成する指示詞および断定辞の形式別に使用状況を見る（表4）。

表の傾向を大きく捉えると、近世上方語の接続詞的用法は、各種形式を取りかつ低頻度の使用であり、「接続詞」としての安定性を欠いていること、対する江戸語は、「それだから」という特定の形式を高頻度で用いており、対照的である様子がうかがえる。

さらに細かな点も含め、表からわかることを、以下、順に指摘していく。

まず、ソレナレバ・ソレユエであるが、これらはナレバ・ユエが原因理由文で用いられる場合と同様、文語性

表 4　接続詞的用法における指示詞・断定辞・接続辞の関係（近世期資料）

（断定辞）		ナレ	φ		ジャ				ダ	
（接続辞）		バ	ユエ	ニヨッテ	ニヨッテ	ヨッテ	サカイ	カラ	ニヨッテ	カラ
上方語	歌舞伎狂言本		ソレユエ5							
上方語	歌舞伎台帳				ソレジャニヨッテ2					
上方語	近松浄瑠璃	ソレナレバ1	ソレユエ2							
上方語	紀海音浄瑠璃			ソノ儀ニヨッテ1						
上方語	洒落本	ソレナレバ1			ソウジャニヨッテ2	ソジャヨッテ1	ソレジャサカイ1			
上方語	滑稽本		ソレユエ1		コレジャニヨッテ1 ソレジャニヨッテ1	コレジャヨッテ6 ソウジャヨッテ3	ソウジャサカイ1	ソレジャカラ1		
江戸語	噺本		ソレユエ1						ソレダニヨッテ1	ソレダカラ1
江戸語	洒落本									ソレダカラ4
江戸語	滑稽本		ソレユエ6						コウダニヨッテ3 ソレダニヨッテ2	アレダカラ3 コウダカラ2 ソレダカラ44
江戸語	人情本	ソレナレバ1	ソレユエ5							ソレダカラ9
（計）		3	20	1	6	10	2	1	6	63

〈備考〉表中の数字は用例数を表す。丸印は指示詞に「それ」を含む形式に付した。

が強く、汎地域的に用いられることに特徴がある。

(9)あなた様のお気質《きしつ》は常《つね》からよう存じておりまする。それなればこそ此度《このたび》のやうな事《こと》もおたのみ申上ました所（下略）。（上方・洒落本・南遊記18・184下4）

(10)それからだん〳〵あらはれて来たそうでござへます。それゆゑ唐琴屋《からことや》はどうもむづかしい様子、どうか立《たち》そうもないといふ噂《うわさ》でございます。（江戸・人情本・春色梅児誉美236・12）

この二形式を除くと（表4太線の右側）、上方語は全19例、江戸語は69例であり、前者はすべて断定辞にジャを用い、後者はすべてダを用いるという対照をなす。上方語では使用頻度が低い上に、さらにその中でも指示詞に「それ」を取るソレ＋ジャ形式（表中丸印）はわずか5例に過ぎない。他の14例は他の指示詞「そう・これ」等を用いるのであり、接続詞的用法としては固定的表現を持たずに、次例のごとく文脈に応じて適宜表現形を使い分けていた様子がうかがえる。[*8]

(11)常に腹に思ふていても言い憎ひ事ハ、酒呑むと皆言ふてしまふもんじや。（略）そうじやよつてに、ちつと酒も呑みならへ。（上方・滑稽本・臍の宿替128・7）

一方の江戸語については、断定辞がダに集中する点に注意したい。接続詞的用法以外の原因理由文が受ける断定辞には江戸語でジャを用いる場合もあった（2節の表2参照）。限られた調査範囲のことゆえ、慎重に扱う必要はあるが、注目すべき食い違いといえる。

先に、表3のX欄で江戸語では同用法の使用頻度が高いことを見た。しかも、指示詞は全69例中61例でソレを取り（表4参照）、ダを基本的に取る。こういった、固定的な使用傾向が顕著であることは、当接続詞的用法が、上方語の影響の下にではなく、「それだから」を一単位として江戸語で固有に育まれたものであったことを示していると考えられる。

⑿（泣き真似を褒められて）ヘンそれだから人を破家《ばか》にばかりしなさんなよ、何かしらちつとは能《のふ》の有る物だ。

（江戸・滑稽本・八笑人51・3）

以上、江戸語主導で広がったと見られる指示詞＋断定辞＋接続辞の接続詞的用法が「それだから」という特定形式をもって発達してきている様子について観察した。

5　明治期以降資料における接続詞的用法

5・1　指示詞・断定辞・接続辞の関係より

近世期までと大きく異なる、明治期以降の接続詞的用法の特徴は、次のごとくである。

・大阪語…接続辞としてはカラが増加する。指示詞としてソレ系が中心となり、断定辞としてはデス・ダが

＊8　特に近世中期上方語でソレダカラ類の接続詞的表現の使用頻度自体が低かったのは、サレバ・シカレバ等の旧来の表現が、当時、まだ使用されていたことと関わっていたかもしれない。ただしここで調査対象とした資料中には、サレバ・シカレバともに原因理由を担う接続詞と特定できる例は少なく、サレバはほとんどが感動詞（一部話題を転じる接続詞）であり、シカレバも仮定的意味合いを持った接続詞との区別に迷う例が多い。

・「（母に）道であひはせなんだか」「さればいの。母様の山城屋へよらしやんして（略）ととんと桶な物打ち明けたやうなお心。～」（上方・近松・宵庚申12・581・2）

・此事ゆへにそとも縄目の恥にあひ此ごとく預られた。しかれば同罪はのがれがたい。（上方・近松・昔暦8・530・3）

この時期、已然形＋バが確定条件として用いられる趨勢が弱まり、恒常性のある仮定条件として重心を移しつつあったことで、サレバ・シカレバは口語的な資料中では「だから」の意では用いにくくなっていたものと推測される。とはいえ、依然として、この表現方法があったために、近世中期上方語ではソレダカラ類の語彙化が抑えられていた可能性はある。

用いられるようになる。

・大阪語・東京語共通…指示詞を取らないφ形が増加する。ニヨッテの例がなくなる。

以下、このことを、調査範囲内の使用状況を表に整理することによって示してみる（表5）。最初に、大阪語の様子のうち、指示詞がソレに集中することについてである。表5の下に〈参考〉として、近世期資料と明治期以降資料とに分けて、指示詞に「それ」類を取るもの、「それ」類以外の指示詞（コレ・ソウなど）を取るもの、指示詞を取らない「φ」のものの、それぞれの用例数を合計して示した。近世期は各種指示詞を様々に取り、「それ」類と「それ類以外」とが拮抗している様子が見える。その傾向は明治以降次第に変化し、ソレ系に集中するに至るのである。

かつて近世上方語においては、「それ」を取る場合も、各種指示詞を用いた接続詞的用法のうちの一形態に過ぎず、特別な存在ではなかったものが、明治以降「それ」を取ることが基本となっていく。大阪語で接続詞的用法の使用頻度そのものが高まっていたが、それはソレ系が牽引していたことになる。そして、そのソレ系に集中する動きは東京語の方法に準ずる方向への変化なのであり、その影響下で促されたものだったという解釈が可能であることを押さえておきたい。

東京語の影響ということが更に顕著に表れるのが、指示詞を取らないφ形[*9]+断定辞+接続辞という形式（「だから」等）の使用である。東京語では明治期の段階から高頻度で用いられるものであるが、大阪語でも、平成期資料で激増する。大阪語での用法でも、ダカラ・デスカラという大阪語固有形ではない断定辞+カラの組合せにほぼ限られるのが特徴であり、大阪語系の要素を含むものとしては、わずかに「やから・ですさかい」があるばかりである。このことは、指示詞を取らない接続詞的用法は、大阪語において、断定辞+接続辞という構成要素の

表５　接続詞的用法における指示詞・断定辞・接続辞の関係（明治期以降資料）

（断定辞）		φ	ジャ	ヤ				デス		ダ	
（接続辞）		ユエ	カラ	ヨッテ	サカイ	カラ	（他）	カラ	（他）	カラ	（他）
大阪語	明治落語速記	ソレユエ8		ソヤヨッテ5 ソウヤヨッテ3 コレヤヨッテ1				ソレデスカラ1 コンデスカラ1		ダカラ3	
大阪語	明治大正落語音声	ソレユエ1	コレジャカラ1	ソヤヨッテ1	ソヤサカイ2	ソヤカラ2 ホヤカラ1 ヤカラ1					
大阪語	昭和落語音声			ソヤヨッテ1	ソレヤサカイ2 ソヤサカイ2 ソウヤサカイ1	ソヤカラ1	ソヤッテン1	デスカラ5	デスサカイ2	ダカラ1	
大阪語	昭和談話				ソヤサカイ1	ソヤカラ13	ホヤケニ1	デスカラ4	ソウデスヨッテ1	ダカラ5	
大阪語	平成談話									ソダカラ2 ダカラ53	
東京語	明治小説		＼／	＼／	＼／	＼／	＼／			ソレダカラ8 ダカラ18 コレダカラ1	ソレダモノ1
東京語	明治大正落語速記	ソレユエ2	＼／	＼／	＼／	＼／	＼／	デスカラ1		ソレダカラ4 ダカラ5 サイダカラ1	
東京語	明治大正落語音声		＼／	＼／	＼／	＼／	＼／	ソレデスカラ1 デスカラ1		ダカラ4	
東京語	昭和落語音声		＼／	＼／	＼／	＼／	＼／	デスカラ2		ソレダカラ1 ダカラ6 コレダカラ1	
東京語	昭和談話		＼／	＼／	＼／	＼／	＼／			ダカラ57 ホエダカラ1 コンナダカラ1	

〈備考〉網掛けは指示詞がない形式、四角枠は、「それ」系以外の指示詞に付した。

〈参考〉

	「それ・そ・ほ」	:	「「それ類・φ」以外」	:	「φ」
近世中期・後期資料	15	:	15	:	0
明治期以降資料	45	:	8	:	74

合計ではなく、「だから」という一まとまりを単位として、東京語から受容していることを示唆しよう。[*10]

対照的に、指示詞「それ」を冠する形式であれば、ソヤサカイのように断定辞ヤ、接続辞サカイ・ヨッテなど大阪語系の表現も広く取り込む。[*11] ただ同時に、ソヤカラという、断定辞ヤに接続辞カラを取る組合せが使用例の半数程度を占める事実もある。先に2・2節で、少なくとも昭和期までは、通常の原因理由文であれば、大阪語は、サカイ・ヨッテの大阪語系の形式がカラを圧倒していることを確認した。接続詞的用法では、それと比してカラの勢力が強いのであり、より東京語の影響力が明瞭に表れている点、注意する必要がある。

対する東京語は、近世期の段階から指示詞はソレに集中する傾向が強く、なおかつ断定辞もダを、接続辞もカラをそれぞれ固定的に用いていた。使用頻度の高さも含め、「それだから」の形式をもって語彙化が促進される環境が整っていたのであり、その状況の中で、φ形（「だから」）が生れているると理解される。[*12]

以上、接続詞的用法は、原因理由文の場合と異なり、東京語資料では大阪語系のジャ・ヤを受ける形式を用いず（ソレ）ダカラ類に限られること、大阪語資料では「指示詞を取らない場合はダカラ・デスカラという東京語的要素から成る形式を用いる」こと、「指示詞を取る形式はソヤカラ・ソヤサカイと大阪語系の断定辞を中心とする（接続辞は東京語系カラと大阪語系ヨッテ・サカイと競合する）」ことなどを見た。東京語に比べ、大阪語は、一見、錯綜した様子があるように見えるが、東京語の影響を強く受けつつも、地域固有の特徴を維持する部分があることによる多様性であり、固定的な組合せが並列するものであることがうかがえる。

5・2　大阪語における接続詞的用法カラの進出——規範性・標準性との関係

ところで、先の表5に明らかなように、大阪語でデスを接続詞的用法に含む場合、そのほとんどがカラとの組合せであった。地域固有形式であるヨッテやサカイはデスとの相性が、相対的に見てカラに比べて低く、このことから、デスに表れるような表現上の規範性・標準性が意識される丁寧な文体において、特にカラが進出している一面があることがわかる。*14

*9　「だから」のような指示詞を取らない接続詞的用法の発生・発達について山口（一九八一）は「その形式が句的判断をより強く対象化できる分析的な形式として句と句の接続に用いられた」ためとする。

*10　大阪語で拡大するダカラの受容に関わって小西（二〇〇〇・二〇〇三・二〇〇七）は、ダカラの原因理由を表さない用法を取り上げ、その機能拡張のシステムを分析する。関西語では、対応する地域語形ソヤサカイ等は機能拡張を見せず、そこには指示代名詞ソレの前文脈照応の機能が関与していることなども指摘している。

*11　大阪語は指示詞「それ」の音韻変化形・短縮形を多用し、対する東京語はφ形「だから」を用いるという、「それ」使用に関する対照的な関係が、同じく接続詞的用法「それなら・それでは」類でも見出される。大阪語ではホナ・ホンナラ・ソレヤッタラのように「それ」を残した形態の使用が続くのに対し、東京語はジャアを多用する（矢島二〇一〇a・b）。指示詞の用い方については、両言語に広く通じた地域的相違が現れている可能性がある。

*12　小西（二〇〇三）には、「だから」の発生について検討するところがあり、滑稽本『妙竹林話七偏人』（一八五七-六三／安政四-文久三）以降、用例が見られるとする。ダカラの形式は、したがって幕末期から明治にかけて発生・定着したものと見てよさそうである。

*13　山本（一九六二）に「デスで注意すべきは、共通語からきたもの以外に、島田勇雄氏や楳垣実氏が説かれるように、「で候」からきた土着のデスがあることである」とある。ここで見るデスは、カラとの組合せで用いられることとともにφ形という東京語に特徴的な形式を構成する。これらのことから、この場合のデスは「共通語からきたもの」と見るのが妥当であろうと考える。

*14　同じく順接の接続詞的表現であるソレナラ類において、ソレナラを専らとする大阪語の領域に、東京語的要素である（ソレ）デハが進出する場合においても、ソレデハが標準語的な敬語表現類を含む文体に目立って進出している事実がある（矢島二〇一〇b参照）。（ソレ）デハと（ソレ）ダカラの大阪語での伸張のしかたには酷似した点があるといえる。

(13)（悋気話中の嫁さんの発話の再現で）我われ按摩稼業では、家族温泉は行かれ、行かれやられません。ですからうちでこーして、新家族温泉を沸かしたんです。
（大阪・昭和落語音声・按摩炬燵177・6報告書Ⅲ）

さらにまた、明治期以降の大阪落語資料中では、いわゆる「枕」（傍白）部分の使用にカラが多く見られるという事実がある。

(14)この寝起きちゅのが妙なもんで、まず人間なれば顔いっぺんなぜるとか、脈どこ掻くとかちょっと段取りのあるもんで。蛸は目ー覚まして顔なぜよと思いおって、手がないもんやかー、すかたん食いよる。
（大阪・明治大正落語音声・蛸の手80・5報告書Ⅰ）

「枕」（傍白）は地の文に当たるとはいえ、音声で聴き手に向けて語られるので話しことば的である。やり取りを前提とする受け手がいない代わりに、不特定多数の聴き手に理解される表現でなければならない独白体であり、講義物や演説にも通じる特殊な規範性を帯びる。調査対象資料のうち、大阪落語資料だけを抜き出し、「枕」（傍白）と通常の会話部分とを分けて、接続辞の使用状況をまとめると、下の囲みに示したとおりである。一見してわかるように、通常の原因理由文で用いられる接続助詞も、接続詞的用法もともに、大阪落語では、会話部分よりも「枕」（傍白）部分においてカラの占有率が歴然と高いのである。

以上のデス・マスの文体やあるいは「枕（傍白）」の表現中のカラ使用に見出される規範性・標準性とは、書きことば性・文語性とは別のものである。発話において音声言語とし

接続助詞…断定カラ：それ以外の接続辞
＝枕（傍白）〜　36：16（カラ占有率69％）
会話部分　〜　42：163（カラ占有率20％）
接続詞的用法…断定カラ：それ以外の接続辞
＝枕（傍白）〜　6：5（カラ占有率55％）
会話部分　〜　11：25（カラ占有率31％）

て用いるに際して、通常の一対一のやり取りとは異なる、何らかの改まった意識が必要とされる場合に用いられているということである。

参考までに明治期の演説体の例も示しておく。[*15] 演説の音声そのものではなく、文字化を経た論説文ではあるが、この種の文体中に一定数のソレダカラの使用が確認される点は注意されよう。

⒂是迄に此大切なる管理法がなかつたが爲に（略）販賣組合に化せざるものは稀な位である。それだから醇正無私なる批評審査を此間に求めんとするは無理である。

（論説・美術奨励の一策・正木直彦・文久二年大坂生れ・太陽一九〇一年12号）

⒃非常に卓絶せる政治家に非ざる限り、如何も文無し政治家には、危險なる分子を伴ふ實例が多いのである。だから私は、此の點からも恒産説を主張するので、（下略）。

（論説・政治家は恒産あるを要す・鎌田栄吉・安政四年和歌山生れ（談）・太陽一九〇九年11号）

⒂の正木直彦、⒃の鎌田栄吉はともに関西出身の教育者・政治家である。こういった知識階級に属する人々が、例に見るような規範性の求められる表現中では、いわゆる大阪語的特徴を消した文体でソレダカラを用い、ソレヤサカイ等の使用は見出されない。先に確認した「ですから」の多用に象徴される本調査範囲中の位相的な偏りも合わせ、大阪語におけるカラの拡大には、このような規範性・標準性を背景とする文体における使用が関わっていた面があったことを認めるべきであろう。

＊15　ちなみに、論説・演説体中の接続詞的表現はソレユエが多く、原因理由を表す接続辞としてナレバも高頻度で用いられている。

6　総括

6・1　ソレダカラ類の推移について

以上、接続詞的用法ソレダカラ類の使用の推移を時間的・空間的比較と言語事項的比較を軸に、整理してきた。接続詞として語彙化する様子が現代に近づくにつれてはっきりしてくるのであり、その変化は、その表現母体である原因理由文の接続辞の歴史との連環性において捉えられるものであった。

その上で、接続詞的用法固有の特徴として押さえるべきこともあった。まず一つは、本表現の発達・一般化は、江戸・東京語で先行し、上方・大阪語では相対的に見て活発な表現ではなかったということである。その歴史においては、江戸・東京語では形式面においては大きな変化は起きておらず、上方・大阪語でいくつか目立った推移が観察されたのである。例えば、明治以降の大阪語に限定して、起きた変化を列挙すると次のごとくである。

・原因理由文の接続辞にはカラの増加傾向が見られるが、接続詞的表現のカラの多用傾向はさらにそれを上回る。

・接続詞的用法の指示詞はソレに集中する度合いを高める。その後、指示詞を取らないφ形の使用が増加する。

・断定辞にデス・ダを、多く指示詞のないφ形やカラとの組合せで用いる。

そしてこれらのいずれの変化についても、その背後に見えるのが東京語の存在であり、影響なのであった。既に、明治期の段階から、大阪語資料では東京語的な物言いが共有されつつあり、現代に向かうにつれてその勢力が漸次拡大していったわけである。その影響は、原因理由文よりも接続詞的用法に明確に表れるのであり、大阪語的な特徴を維持したのは、指示詞を冠して断定辞にジャ・ヤを取る定型（ソヤサカイなど）においてであった。

その東京語の影響が見えるカラの使用例には、明治期以降大阪語資料では、規範性・標準性を帯びた文体に馴染む一面があることを観察した。この傾向は、威信形としての中央語たる東京語の、当時の大阪語における受容のあり方として[*16]、今回の調査範囲において観察されたものである。幕末から明治以降における、中央語としての東京語の位置づけを考える上においても[*17]、標準語の成り立ちを考える上でも、興味深い傾向と言える。それは、明治三十年代以降に、標準語とすべき枠組みを人為的に定めようとする流れが明瞭になる前提段階として[*18]、既に東京語が、一部の表現において、規範性・標準性に和するという捉え方が広がっていた可能性があることを示唆する。例えば杉本（一九八八：297）に「すくなくとも二十世紀（明治三十三年＝一九〇〇）の初頭までで、東京語が標準語の資格ありと認定され、全国民的にもほぼ合意を得るまでに基礎がかたまってきた」という指摘もある。本稿の内容は、その捉え方と根底で通じるものであると言えよう。

＊16　もちろん、接続詞的用法の「だから」や接続辞「〜から」を、いわゆる標準語文体に相応しい表現としてのみ大阪語が受容したと主張するものではない。そういった表現文体に馴染む用法に含まれるカラの使い方が契機となって、既存の原因理由文の表現体系に変化がもたらされたことを含めて受容と捉えるものである。そうであるからこそ、改まった物言いでない通常の表現中でもカラは用いられていたのであるし、「ですさかい」のような大阪語固有のサカイと東京語的要素のφ形の組合せも生みだすこととなったと見ている。

＊17　本稿で「東京語」と称してきたものは、「今回調査した東京語資料中に用いられていた言語」の意味合いである。その言語と実際に東京で使われていた言葉との関係、あるいはその言語と標準語との関係は、別に改めて問われなければならない。

＊18　上田万年博士の「標準語に就きて」（『帝国文学』1が明治二八年であり、小学校令（明治三三年）を受け、標準語の普及に大きな役割を果たす国定教科書の第一期が明治三六・三七年である。

6・2　文法史の捉え方に関わって

ところで、冒頭で引用した矢島（二〇一〇a・b）のソレナラ類が示した歴史との関係について、重要な点に限定して、改めてまとめ直せば次の通りである。

(a) **共通点**[*19]

(イ)中央語である明治期東京語から地域語である明治期大阪語に対して、影響関係が認められること。

(ロ)東京語の影響が見える表現が、大阪語において規範性・標準性と関わる一面を示しつつ用いられていること。

(b) **相違点**

(ハ)ソレナラ類は上方語で語彙化が先行して多用されていたのに対し、ソレダカラ類は江戸語で語彙化が先行して盛んに用いられていたこと[*20]。そのことと関わって、近世期に上方語から江戸語への影響関係が、ソレナラ類では認められたのに対して、ソレダカラ類では認められないこと。

(ニ)ソレナラ類では、近・現代大阪語における東京語の影響は相対的に限られたものであったが、その状況に比べれば、ソレダカラ類では大阪語における東京語の影響は顕著であり、大阪語的要素の後退が著しいこと。

以上は、ソレダカラ類の推移を明らかにするにあたり、その構成要素である接続辞を条件表現全体の使用状況に位置づけ（言語事項的比較）、また近世期の特徴を、続く近代以降の流れも含めた歴史の中で捉え（時間的比較）、さらに上方・大阪語と江戸・東京語という地域的に隔たった言語の影響関係を視野に入れる（空間的比較）ことによって、いずれも明らかになったことである。この方法に拠ることで、例えば、近世期上方語におけるソレジャニヨッテと江戸語におけるソレダカラの両言語における使用価値が異なることの実情（前者は指示語＋断定辞＋接続辞の各構成要素の組合せとしてあり、後者は接続詞として一語化の度合を強めて用いられていた）が定かに読み取れることになる。また(b)相違点に上げた(ニ)は、近世期の状況である(ハ)が解き明かされていない限り、なぜ起こるのかを考えることができない。すなわち、この場合、ソレナラ類は上方・大阪語で強い使用基盤を持っていたのに対して、ソレダカラ類（ソレジャニヨッテ等）はそうではなかったために、近代以降の同表現類の大阪語での後退（東京語的要素の席捲を許す状況）を招いていたわけである。現代語のあり方は、近世にまで遡って考えることで、初めて正確にその真の意味が見えてくることが多い。本稿の方法が、広く近世語文法史研究に適用が可能であり、また有効な範囲も広いものであることを見通しつつ終わりとしたい。[*21]

＊19　「共通点」として本文で二点あげたことの他に、指示詞ナシのφ形（ダカラ／デハ）が、いずれも明治期以降東京語で多用されることや、接続辞部分（ニヨッテ・ヨッテ・サカイ・カラ…vs.カラ／ナラ・ヤッタラ・シタラ・デハ…vs.ナラ・デハ）の変化は上方・大阪語（前者例）の方が江戸・東京語（後者例）より著しいことなどあげられる。これらが、他のいかなる事象と連なっていくのか、またどのような意味を持つのかについては、機会を改めて論じる必要がある。

＊20　東京方言・関西方言の談話展開の方法を検討した久木田（一九九〇）で、「東京方言では「ダカラ」「ホラ」「ネッ」がキーワードとなって感情を込めた文を交えて説明を進める展開」が好まれ「関西方言では順接の接続詞「それで」「そして」類の頻用で客観的説明を累加していく展開」を見出しやすく、展開方法に地域性が認められることを論じている。本文にあげた(b)相違点の(ハ)の指摘と興味深い一致を示すのであり、歴史的に見て、既に江戸期から継続的にその傾向差が存在していた可能性があることを示す。

＊21　矢島（二〇一〇c）もその見地からの実践の試みである。参照いただければ幸いである。

調査資料（※本文中の引用は、一部仮名を漢字に改めるなどの変更を行った。所在は、上方語や江戸語等の区別・ジャンル・作品（・巻）・頁・行（落語資料はテキスト名も）の順で示す）

Ⅰ上方・大阪語資料

○歌舞伎狂言本…けいせい浅間嶽・おしゆん伝兵衛十七年忌（元禄一一・享保三）＊『上方歌舞伎集』（岩波書店）所収／好色伝受（元禄六）＊『好色伝受　本文・総索引・研究』（笠間書院）所収○歌舞伎台帳…心中鬼門角（宝永七）＊『歌舞伎台帳集成』第一巻（勉誠社）所収○近松世話浄瑠璃…全二四曲（作品名略）（元禄一六～享保七）＊『近松全集』（岩波書店）所収○紀海音世話浄瑠璃…椀久末松山・おそめ久松袂の白しぼり・傾城三度笠・八百やお七・三勝半七二十五年忌・心中二ッ腹帯（宝永七～享保七）＊『紀海音全集』（清文堂出版）所収○噺本…軽口御前男・軽口あられ酒・露休置土産・軽口星鉄炮・軽口福蔵主・軽口出宝台（元禄一六～享保四）＊『噺本大系』第六・七巻（東京堂出版）所収○洒落本…月花余情・陽台遺編・妣閣秘言・新月花余情・聖遊廓・郭中奇譚・短華蘂葉・睟のすじ書・十界和尚話・南遊記・粋の曙・色深狭睡夢・北川蜆殻（宝暦七～文政一〇）＊『洒落本大成』（中央公論社）所収○滑稽本…穴さがし心の内そと（幕末～明治初期）＊『近代語研究』第四集（武蔵野書院）所収／＊『江戸明治百面相絵本八種』（太平書屋）（安政頃）／＊『諺臍の宿替』（太平書屋）（幕末～明治初期）○明治期落語・速記本＊金沢（一九九八：8-9）記載19話（明治二三～明治二七）○明治大正期落語・音声＊『二十世紀初頭大阪口語の実態―落語ＳＰレコードを資料として―』平成二年度科学研究費研究成果報告書（真田信治）所収31話（明治三六～大正末頃。「報告書Ⅰ」と記す）／＊平成一七・一八年度科学研究費研究成果報告書『近代関西言語における条件表現の変遷原理に関する研究』（矢島正浩）所収9話（大正九～大正末頃。「報告書Ⅱ」と記す）○昭和期落語・音声＊「報告書Ⅱ」所収9話（昭和四～一三）／＊『二代目桂春団治「十三夜」録音文字化資料』平成10年度科学研究費研究成果報告書（金沢裕之）所収11話（昭和二六・二七。「報告書Ⅲ」と記す）○昭和期談話…日本放送協会編（一九八一）『全国方言資料第四巻近畿編』（日本放送出版協会）「大阪府大阪市」「京都府京都市」（昭和二八録音）／国立国語研究所編（二〇〇一・二〇〇二）『日本のふるさとことば集成』（国書刊行会）第十一巻「京都府京都市」（昭和五八録音）第十三巻「大阪府大阪市」（昭和五二年録音）○平成期談話…『関西・若年層における談話データ集』平成九・一〇年度科学研究費研究成果報告

書（真田信治）（平成五～八録音）

Ⅱ江戸・東京語資料

○噺本…鹿の子餅・聞上手・鯛の味噌津・無事志有意＊『江戸笑話集』日本古典文学大系（岩波書店）（明和九～寛政一〇）○洒落本…遊子方言・辰巳之園・通言総籬・傾城買四十八手・傾城買二筋道（明和七～寛政一〇）＊『黄表紙洒落本集』日本古典文学大系（岩波書店）○滑稽本…浮世風呂（文化六～一〇）＊『浮世風呂　戯場粋言幕の外　大千世界楽屋探』新日本古典文学大系（岩波書店）／八笑人（文政三～嘉永二）＊『花暦八笑人』岩波文庫（岩波書店）○人情本…春色梅児誉美（天保三～四）＊『春色梅児誉美』日本古典文学大系（岩波書店）○明治期小説…安愚楽鍋（明治四～五）＊『明治開化期文学集（一）』明治文学全集（筑摩書房）／浮雲（明治二〇～二二）＊『坪内逍遥二葉亭四迷集』新日本古典文学大系明治編（岩波書店）○明治大正期落語・速記本…鼻無し・狸・無筆・粗忽長屋・親の無筆・自動車の布団・雷飛行・ちりとてちん・猿丸太夫・唐茄子屋＊『口演速記明治大正落語集成』第三・七巻（講談社）所収（明治二八～大正一三）○明治大正期落語・音声＊『近現代東京落語・録音文字化資料（私家版）』所収19話（明治三六～大正一四。「報告書Ⅳ」と記す）○昭和期落語・音声＊「報告書Ⅳ」所収23話（昭和三～一〇）○昭和期談話…日本放送協会編（一九六七）『全国方言資料第二巻関東・甲信越編』（日本放送出版協会）「東京都」（昭和二七録音）／国立国語研究所編（二〇〇二）『日本のふるさとことば集成』（国書刊行会）第六巻「東京都」（昭和五五録音）

参考文献

金澤裕之（一九九八）『近代大阪語変遷の研究』和泉書院
久木田恵（一九九〇）「東京方言の談話展開の方法」『国語学』162
小西いずみ（二〇〇〇）「東京方言が他地域方言に与える影響―関西若年層によるダカラの受容を例として―」『日本語研究』20
小西いずみ（二〇〇三）「会話における「ダカラ」の機能拡張―文法機能と談話機能の接点―」『社会言語科学』6-1
小西いずみ（二〇〇七）「方言における原因・理由の接続詞概観」方言文法研究会編『全国方言文法辞典《原因・理由表現

編』 科学研究費補助金研究成果報告書
小林千草（一九七七）「近世上方語におけるサカイとその周辺」『近代語研究』5　武蔵野書院
杉本つとむ（一九八八）『東京語の歴史』中公新書
矢島正浩（二〇一〇a）「ソレデハの発生・発達史に見る文化・文政期」『文芸研究』169
矢島正浩（二〇一〇b）「上方・大阪語における接続詞的用法ソレナラ類の推移」『日本語の研究』6-4
矢島正浩（二〇一〇c）「近世期以降の当為表現の推移」『日本語文法』10-2
山口堯二（一九八一）「接続助詞の分析化―判断の対象化を中心に―」『国語と国文学』58-5
山本俊治（一九六二）「大阪府方言」楳垣実編『近畿方言の総合的研究』三省堂

条件表現からみた近世期日本語の景観
——『方言文法全国地図』と国語史・近世方言文献の対照から

【要旨】本稿は方言を含む近世期日本語の全国的な模様を明らかにしようとする試みである。各地の体系まで深めた考察は難しいが、その模様を概観することはできる。

今までの国語史研究は、主として中央のことばを中心に進められてきた。その重要なことは勿論であるが、各地を含めた日本語の模様も知りたいところであり、それによって両者の通時的・共時的な関連や固有面が明らかになろう。

本稿では、各種の条件表現について、今日の模様を表す『方言文法全国地図』を土台に、従来の国語史研究の知見を援用し、さらに複数地域の近世期方言文献を参照し、これらを比較しながら近世期の言語景観を捉えようとする。

結果として、国語史の時間軸による変化が順をおって周辺地域に伝播し方言化する地理的な模様が顕著に現われてきた。また、条件法の種類や言語事項の時代により、伝播模様が違うこと、東・西地域別では西日本に複数形式の重層、東日本ではやや疎で単純な傾向がある。これらは、中世・近世以降の日本語の形成史に幾らか新たな知見を加えるものと思う。

彦坂佳宣

【プロフィール】
ひこさか・よしのぶ
大学院入試の試問では「文語史の研究」の約束だったのに、いつの間にか古典語を離れて近世名古屋の方言に足を突っ込み、その小さな穴から近世語を窺うようになり、ひょんなことで『方言文法全国地図』の地方調査員となってから、日本列島を鳥瞰する日本語方言の研究に関わって、文法なら大体どの地方の言葉か分かってきましたが、沖縄方言には手も足も出ないで今に至ります。方言研究と言うと現代のものと思われがちですが、何とか中央語を含む全国方言史の動向を捉えたく思っています。

1　本稿の視点と方法

本稿は、二〇一〇年度春期「日本語学会」のシンポジウム「外から／外への近世語研究」と関連し、次のような視点から近世語を日本語全体の視野でとらえる試みである。

（1）『方言文法全国地図』の確定・仮定条件の諸図の言語地理学的解釈をし、

（2）これを国語史研究の成果、また近世期方言文献と比較し、

（3）近世期の日本語がどのような言語景観を呈していたか、またその意味はどう考えられるかを問う。

この特徴は、中央語を主たる研究対象とした従来の国語史研究と少し違い、地域方言も視野に入れ、不十分ながら日本語全体の、特に近世期の言語景観とその特徴をとらえようとするものである。ただ、資料不足は否めず、彦坂（一九九一）でも試みたが、やや表面的な模様をとらえる段階であり、細部の考察は課題として残る。なお、関連事項の研究に三井はるみ（二〇〇九）、日高水穂（二〇一〇）があり、参考にした点が多い。

資料は次のとおり。『方言文法全国地図』（国立国語研究所）以下GAJ―一九七五年前後の斉一な地域方言文法地図―、本稿はこの原図および同研究所による公開データと作図プログラムを利用した略図（彦坂作成、地点数は基本的に同じ）による。対する近世期方言資料は、**庄内・尾張**のいわゆる「郷土本」戯作、中国**石見**の説教集、**土佐**の武市瑞山書簡、**九州**の戯作・漂流民ゴンザの記録、その他。しかし、庄内・尾張のものを除き、用例の出現頻度が低く、個々の資料の体系内の評価ができないまま関連形式を拾うことになるのが欠点である。全資料は論文末に一括し、本文中では必要な場合を除き**地域名**で示し、資料名は論文末の一覧のうち傍線部分で示す。また用例は所在の頁・丁を添えた。

以下、GAJの諸図からⅠ―順接の①「必然確定条件」②「偶然確定条件」③幾つかの「仮定条件」類、Ⅱ―

逆接の④「確定条件」⑤同じく「仮定条件」の地図をもとに考える。GAJにある条件表現の枠の範囲で得られる景観を捉えようとするのである。しかし、質問文を変えれば、異なる形式が現れる場合もあり、形式主体に用法を串刺しにする視点は今後の課題である。また、新たな移住による北海道、出自不明が多い沖縄は除外する。

地図を主体とする解釈を優先させるが、国語史の知見にも恩恵を受けた。本稿では、これに地方文献を加え、可能な限り近世期の面的な模様を捉えたい。地方文献はたまたま見出されたものに限られるが、言語地理学的な研究との安易な妥協を避けつつも、GAJを土台に検討を加えれば、近世期の模様のかなりを捉えることが出来ると思う。

この過程で、中央語の歴史が各地に影響した地理的展開の模様、言い替えれば国語史の推移が地理的分布に投影された近世期の様子、またそれに対する地方語の特色、条件法の違いによる特性などが明らかとなろう。そして、その背景にある伝播の型や地域区分にも一部言及し、近時の日本語の史的展開をさぐる端緒としたい。

考察は、先の表現順に地図の解釈を試み、国語史と方言文献を点検し、最後に全体を総合し、近世期の模様を推測し、その特徴をさぐる形で進める。記述は以前の拙稿による点が多く、本稿の新しみは全体を総合するところにある。

2　ＧＡＪ各種表現図の考察

以下、問題とする文法事項は「　」に入れ、具体的形式はカタカナで示す。

2・1　Ⅰ「順接条件」

2・1・1　Ⅰ-①必然確定条件―その１「雨が降っているから行くのはやめろ」（GAJ 33図）

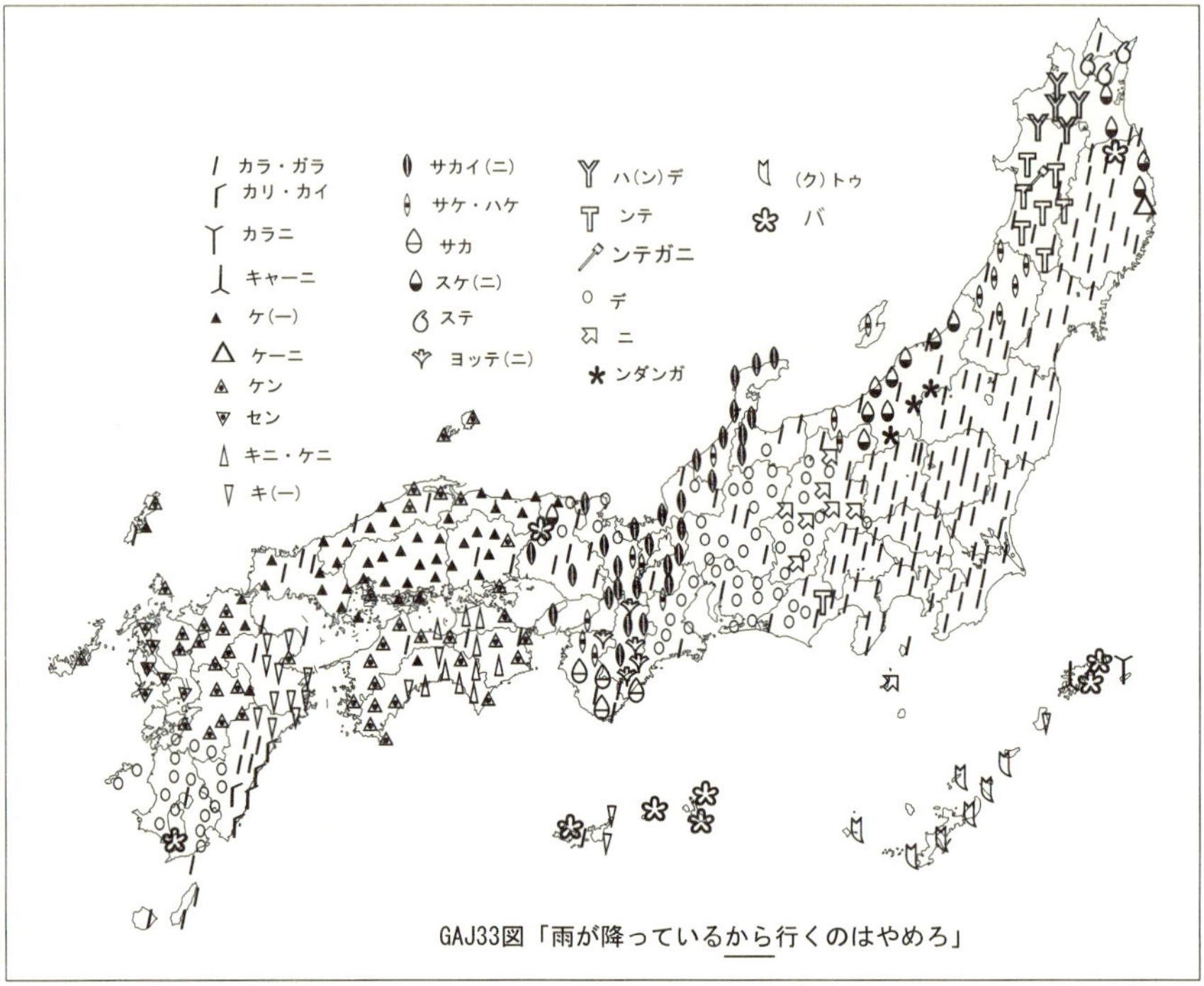

図1　「雨が降っているから行くのはやめろ。」

この略図が図1である。解釈は主に彦坂（二〇〇五）による。

西日本での最新は近畿中央のサカイ類で、その伝播は近畿中央から北陸―新潟（スケニなど）―山形県（サケ・ハケ）へと続き、岩手県沿岸部（ステ・スケなど）にもある。この伝播は、最近、大西拓一郎（二〇一〇）で、北前船以前の海上交通によるが、琵琶湖経由で北陸に達し、北上したとする。以下のケン類の処遇にもよるが、北前船は瀬戸内―山陰を経由し、しかしここにサカイ類が乏しい点で頷ける。サカイ類の前は、近畿を挟んで東西にあるデであろう。このデは鹿児島県付近にもあり、一連のものであろう。すると、中国・四国、九州南部のケン類（中国他のケーニ・ケン・ケー、キニ・キーなど）の定位が問題となる。近畿からの何らかの形式の伝播と思われるが、ケン類の由来は諸説あり、サカイ・カラ・～ケレバ・「故《け》」説などで、しかしどれも一長一短でいま確定は難しい。

一方、東日本では太平洋側にカラの勢力が強い。西日本でも従来方言として山口県、九州東部地域（カリ・カイ）にもある。私見では、東部のカラは、西部日本でのヨリに対し口語的な形式が早くから優勢になり、その「起点」の用法が理由化し、近畿勢力の日本海側よりも太平洋側に北上したと推測する。その時期は種々の点から近世期以降であろう。それ以前は、デおよび後述のニであったろう。サカイの可能性も捨て切れない。

国語史の知見を加えると、格助詞から転化したニもデに先行して信州付近にある。また小林千草（一九七三、一九七七）では、近畿でのサカイ類の盛行は近世後期以降らしく、中世末以降はヨッテ類―いま紀伊半島南部のもの―、その前はホドニ―小林好日（一九五〇）・北条忠雄（一九八二）の言う東北日本海側のハンデ・ンテなど対応―と、早くから北陸を経て日本海側を北上している。一方、江戸・東京では、吉井量人（一九七七）で、近世初期前後からカラが盛行し、末期からノデが新たに生まれてくるとする（ノデについては次節）。ノデは近世期後半の準体助詞ノの成立が関与している（原口裕一九七一）。

ここで注意したい点は、東西日本で分布様態が大きく異なることである。西日本は語形が多くて重層し、北部日本海側にも進出するのに対し、東日本ではカラが太平洋側を広く覆う。この分布の語るものは何であろうか。

2・1・2　I-①必然確定条件―その2「子どもなので分からなかった」（GAJ 37図）

次に、類似する「子供なので分からなかった」について見る。この「ので」は、先の「から」と表現差があるとされ、ノデは文末に客観的表現、カラは主観的表現をとることが多い（主に永野賢（一九五二）による）。GAJの

図2-1　ノデ・ノダ類

分布は両者で似るが、両図は中央地域で異なりを見せる点が注意される。図2類は、「ので」図から図1と異なる分布形式のみを取り出し、ノデ・ノダ型とモノ型・デ型に二分して示したものである。

図1と2を総合すると、本州中央部は「から」と「ので」による表現区分があり、図2-1がノデ主体（ノデ・ノダガ（ン）デ）で、先行部を受けてまとめる準体助詞ノと接続助詞デが結合し、対象化する表現となり、図1の「から」と異なる表現性を獲得した。一方、図2-2はモノがノの代わりをする、しかしデ類はこれがない地域である。そして、モノは中部地方にあって東西のノデを分断している点も注意される。

この分布は、東西中央のノデが、同じ働きの中部地方のモノに隔てられている点から、東西の中央で個別にノデが放射されたこと、どちらかと言えば関東のそれが強く放射していることを語る。

図2-2　モノデ・デ類

中部地方はそれをモノで代替し、一部にはまだデのままで続いていることになる。こうして中央部にはそれなりの分析的表現が現れている。一方、中央地域を除く地域は、図1・2が同じ形式であり、地域により形式は異なるが、一色で表現する地域である。

†国語史・方言文献から

国語史のうち近畿は小林の論で見たが、それも主／客にわたる表現差が見られ、両面にわたるホドニが客観（叙述）的表現からヨッテに浸食され、ヨッテもサカイに浸食されるという、ほぼ似た経緯があった。近世期にはノデがこれに加わり、分担表現が成り江戸・東京語で特に優勢になっていると考えられる。近代語でのいわゆる分析的表現の趨勢の一例である。

では、方言文献側ではどうか。**庄内**は彦坂（二〇一〇a）で、サカイ類が優勢、カラ・ノデ・モンデ類はまず無い。**尾張**は彦坂（一九九七）で、デが主／客にわたり優勢な中に強い主観的表現に限定されてニがある（文末詞としても。また今日GAJではさらに東部に局在化している）。対象化機能のモンデもあるが、叙述的表現の強い形式ではなく、「まどつていこさんしよヨゥ。おまへが殺さんしたもんでやで。（春秋157頁）—彦坂注、「まどう」は弁償する、「もんでやで」の「でや」は尾張の断定辞」—と、文末にも位置できて、主客の表現差の区分はやや乏しい。**土佐**はキニ—「（お守りを）こちゑ置くと、かへつてそまつになるきに、やはり内にて御祭り被遣度存知参せ候（125頁）」、**石見**はケニ・ケーが盛行し「歯ガ痛《ハシル》ケニ……6丁ウ／落タラ闕《コケ》フケ—アブナアト、17丁ウ」、九州では薩摩はデがある—「其……ふこさ包ハ肝要なもんが入ちよれ申すでどふか内ハ御見やつた給《タマン》てなど……（大和口上36オ）。そして以上は二色での分析的表現に乏しい。尾張での明確な分析的表現化ももう少し後のことであろう。

地方文献は数地点の点綴に過ぎないが、これをもとに推測すれば、GAJに見る今日の模様は、諸形式は出そろい、また表現分化は江戸で良く、上方でかなり、尾張ではもう少しの段階であったと考えられよう。

2・1・3　I-②偶然確定条件—「行ったら終わっていた」（GAJ 170図）

次に、偶然確定のGAJ第170図「行ったら会はもう終わっていた」を図3で見る。本州を中心に広くタラ形があり、周辺にはそのバ依存形が多い。図示していないが、「行く」への接続は、東部日本は促音便、西部は一部にイキタラ・イタラと促音化しない地域もあり、東西でやや対立する。周辺部は以下のようである。

①九州も主として東部にタラが多いが、長崎付近に古態形であるバを後接する〜タレバ類（タレバ・タルバ・タイバ）、これを取り囲んでバの痕跡のある〜タリャ（—）類、南部はその直音形〜タヤ（—）と変化し、バか

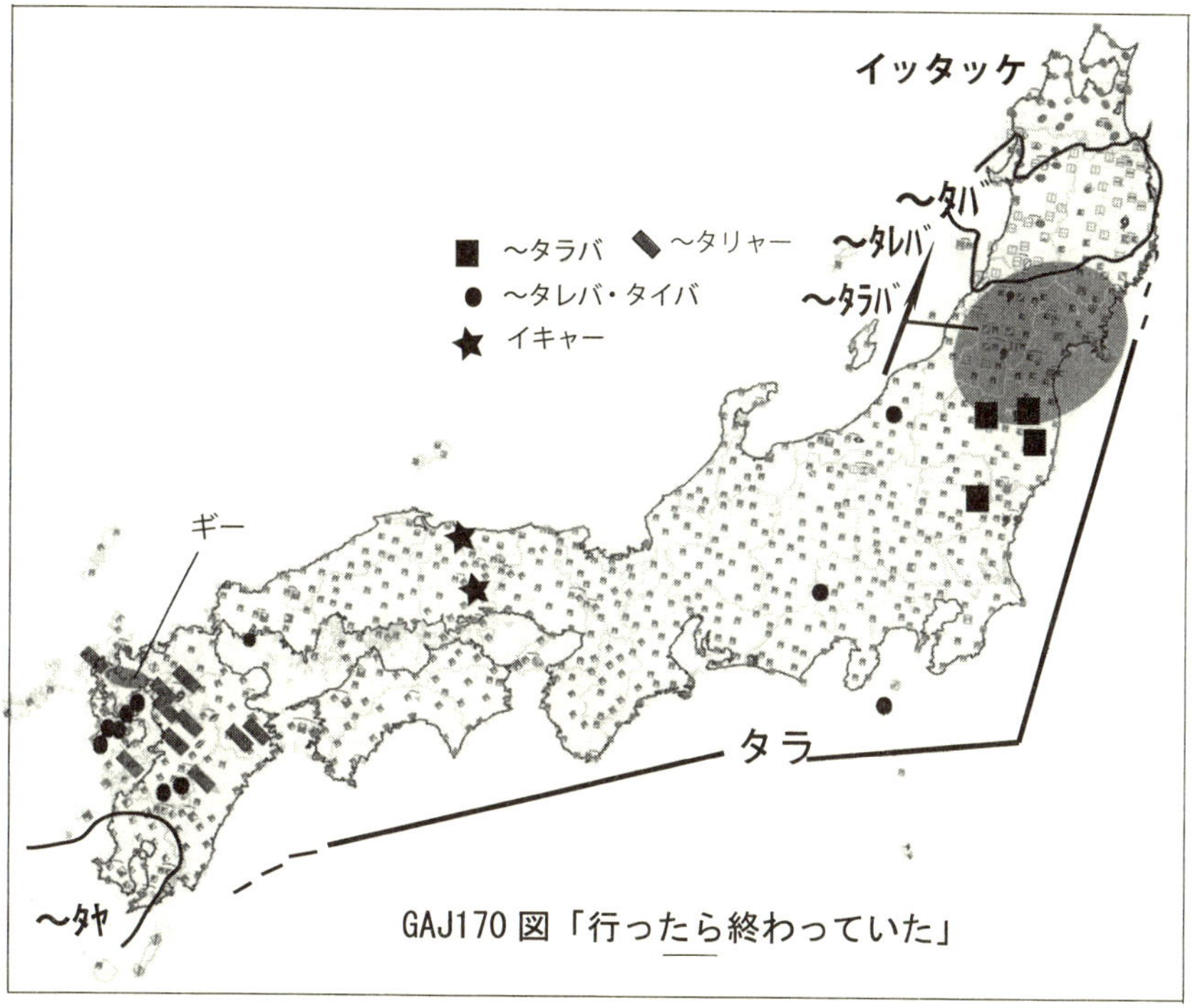

図3　「行ったら会はもう終わっていた」

らバと前項との融合形、そして直音形への変化を見せ、史的変化を示唆している。また、局地的な形式にイタギーなどギーがある。

②東北では北奥羽地方の南部から北部へとタラバ／タレバ／タ（ン）バの並びとなり、

③先端の青森県ではイッタッキャー・イッタケァなどが現れる。

このうち①と②の「タリ＋バ」型は中央のタラ化の前段形であり、九州では「旧已然形＋バ」由来、東北では南から北へと「旧・仮定形／已然形＋バ」の両形式があり、そして両地とも周辺（先端）ほど単純・一体化している。青森県の③は日高水穂（一九九九）で「タ＋形容詞活用語尾か」ともするが、「〜たりけるが」の方言化形の可能性もあろうか。仮にそれなら古典語に対応する古態のものとなる。ただ、分布解釈は類似形が宮城県沿岸にもあり、いろいろ考えられる。

こう見ると、全体には既にタリ主体の周圏的分布をなし、周辺には古典語に対応するタリの「旧未然形／已然形＋バ」とその縮約化形、また関連する特異形があり、中央には広くバを落としたタラ形の分布となる。

†国語史・方言文献から

国語史では、小林賢次（一九九六）で、偶然確定のタラの成立はタレバ→タリャを経て、近世初期をかなり下る時期と推定され（205頁など）、仮定条件タレバ、仮定条件が先行するタラと関連するとしている。

本稿の主とする地方文献では、**庄内**ではタレバ7例、同じく縮約形タバ5例がある。中間形タリャは見出しにくいが、これを経て方言形タバに至ったものであろう。GAJの模様は既に成っている。

○太鼓枕様の咄したればの、ごさへて帰《ゑく》とさ。　苦界383頁。

○台所で刺身作て居だば、茶間で大そ笑音するすけ誰きたんでろと………　苦界388頁。

これ以北のことは資料がなくて不明である。

尾張では、「タリ＋バ」型は、調査の範囲ではタレバ形でやや固い表現の必然確定例、これに対しタラ形は、偶然確定と完了性仮定が約1対4の割合で見られ、タラ形が確立している。

○甚三は此中はおまへのとこへはこんであろふがやとてきゝなされたで、ハイ……やつとお出んはゑもしといつたら、そのはづでや……よふさも見たらおきたが所から出よおつた……それでこんぞゑもしといゝなされたが、おまへさんはわたしが所はおもしろないで見かぎり……　囲多308頁

石見は、偶然確定のタレバも地の文的な例がわずかにあるが、会話的用例として数例のタラがみられ、これが

通常のように思われる。次は恒常仮定とも考えられてきわどいが、タラ形確立例としてあげておく。

○アノ巌《カヅラ》ノ前《サキ》ヲ《ウ》御《オ》進ナサレタラ硬《ゴウロ》ノワルイ道《ミチン》ダケエ雑礪《ザフレ》テ脚半爪鞋《ハヅツマゴ》ヲメシマシテハ《チャア》タイテイナ御苦労デハ《ゴクラフンヂャア》ゴザリマスマイ《ア》ヤー　4丁オ

土佐の「武市瑞山獄中文書」では、候文のためかタレバ専用であるが、完了性仮定用法ながらタリャ形が「夏向になつたりや、（弁当を）朝と晩と二度に持てこんといかん……（49頁）」があり、庶民ならタラ形に近い形式があったと想像できるのではないか。

九州は次の模様がある。―ひとまず近世中期の対馬方言が含まれる可能性のある「交隣須知」（京大国文学会）では、タレバ3例すべてこの偶然確定例、かなり多いタラバとタラ形で仮定条件を担当する。一応、バが承ける活用形の違いによる表現区分があり、仮定条件から先にバ脱を起こしているのかと思う（小林賢次による国語史の先後と一致）。佐賀地方の「一寸見た夢」（慶応3序）ではタラバ・タラが共にあり、詳細な調査はまだであるが仮定条件のみで手がかりがない。

一方、薩摩方言を含む「大和口上言葉」では、偶然確定のタリャー・タヤーと思われる形式がある。

○さあてんご様……一番とり申そふといふたれや、てんごもよろこびさまに手びつにつばちども吹きかけ……35オ

○先達て承知仕り申た趣、川上へいたち申上てみ申たや、よつぽど御感心で……5ウ

この資料は不明点も多いが、「幕末頃の稿本」（吉町一九七六）とされ、琉球側からの薩摩方言の参考のためのものという。この両形式は先のGAJの①と重なり、先端部の薩摩の直音形とも一致するのである。

以上わずかであるが、これらを点綴し、分布のすきまを埋める推論を試みれば、今日の模様はほぼ近世末には成っていたことが思われる。なお、現段階では深められないが、国語史と交錯するタラの確定・仮定条件法の成

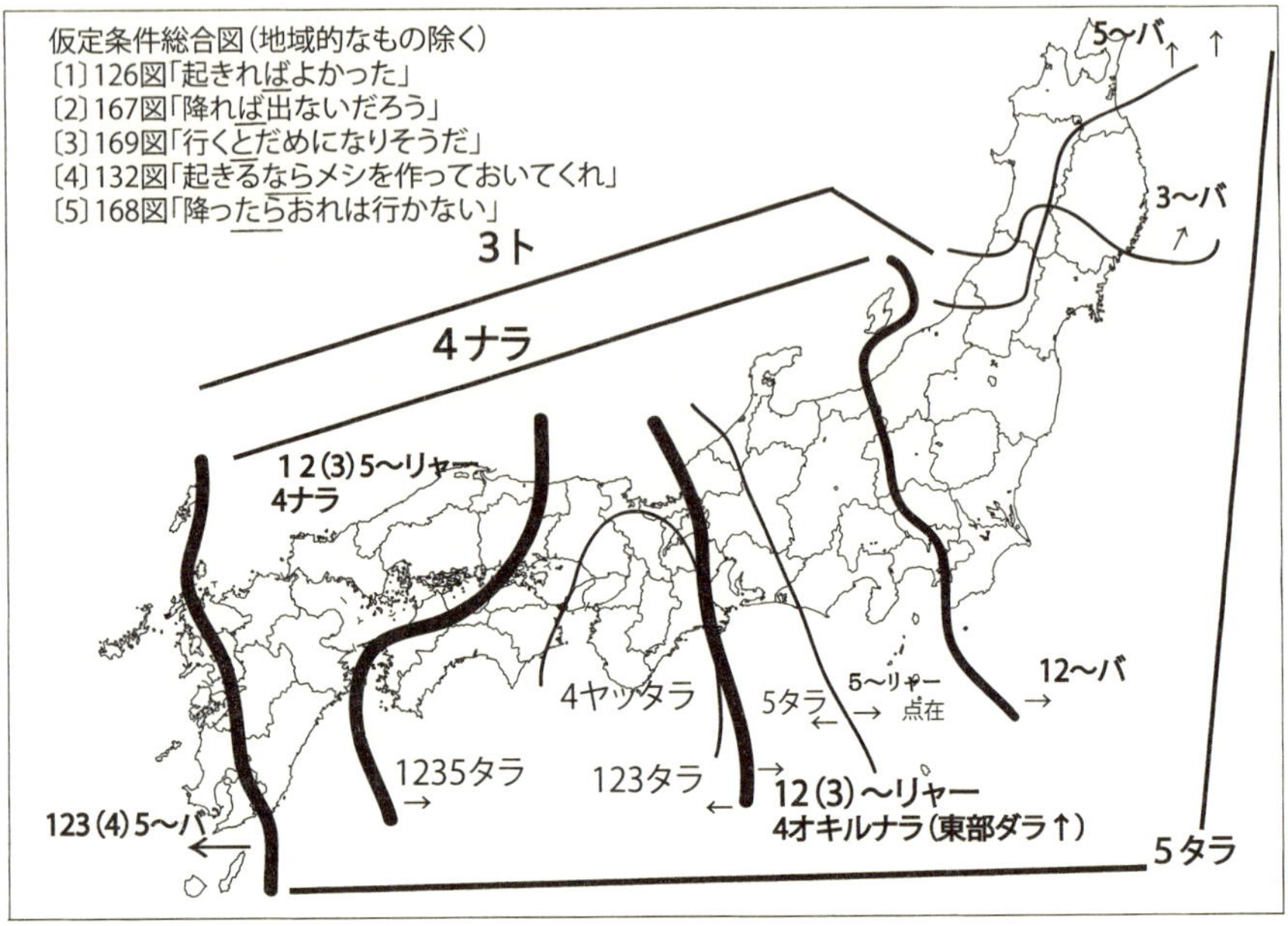

図4　仮定条件5種の概括図

立模様、地方的な~タバ、~ギーなどの成立経緯を地理学的見地から探ることが求められる。また、GAJにないトなどとの関連も問題となる。

2・1・4　I-③順接仮定条件の類

次に順接仮定条件を見る。GAJの主要な表現5種を概括的にまとめたものが図4である。GAJの126図「早く起きればよかった」、167図「雨が降れば船は出ないだろう」、169図「前が行くとその話はだめになりそうだ」、132図「先に起きるなら飯を作っておいてくれ」、168図「あした雨が降ったらおれは行かない」を概略にまとめてある。以下、各表現文は図4左上の番号で指す。概括の過程は彦坂（二〇〇七）を参照されたい。

図4を概観すると、明確な周圏論的分布が注目される。すなわち、

①東西の端は「旧已然形＋バ」型、岩手県付近には「旧未然形＋バ」もあり（図示は略）

②その一つ内側は旧已然形末尾とバとの融合形（①②にナラ・タラは少ない）

③近畿を主とする中央地域ではタラ・ナラを主とする形式

となっている。

言語地理学的解釈としては、この分布から、中央のタラ・ナラ類はもとバ後接形で、それが融合しバ脱を起こし、最後にタラ類でまとめて言う形式へと変化したと考えられる（「たら」と「なら」の意味区分はタラとヤッタラで区別する）。ただ、図中に番号をつけた表現では、表現〔3〕はト、〔4〕はナラ、〔5〕はタラが本州を中心に覆い、既に広く進出を果たしている。すると、上記①〜②はそのうちの伝統的な面の分布であると言えよう。さらに、個別表現ごとに局地的な分布もあり、地方方言の面も表すことになろう。例えば、古態面では①のうち「未然形＋バ」型は山形・秋田県にも散見され（『講座方言学』4）、特異な面では、地域的なものは除くとして図には省いたが、九州佐賀付近のギー、九州中部の固まってあるナラ、東海地方の〜トサイガ、福島県から山形県にわたるト、山形県から秋田県にわたる〜コンダバ・ゴッタラなどがある。これらの個別研究も必要であるが、今は課題とするに止める。

さて、この変化は、ナラ・タラを含め古典語の仮定表現「未然形＋バ」型が早くに「仮定形＋バ」型へ交替し近畿から内的形式変化を伴いつつ規則的な放射が行われたこと（末尾融合形は近畿発生でなく外側地域の個別変化も可能性としては残る）、また西部日本には比較的早く集積的に、東部日本へはやや拡散的に伝わったことが考えられる。

†国語史・方言文献から

国語史での時期については、先引の小林賢次で、未然形のナラバ・タラバの発達からバ脱したナラ・タラは近松浄瑠璃に見えて近世初期から（202頁辺り）、これ以後、近代語へ向けて上方語でタラへの集中は金澤裕之（一九九九

八、第五章一節)、矢島正浩(二〇〇六)に詳しい。そしてこれを江戸語・東京語での模様—簡単には標準語の体系—と比較すれば、東西の中央地域で対照的な体系をもつことが明らかである。なお、近畿でのタラ統一がいわゆる分析的表現に逆行するように見える点の解釈は、先引・金澤137頁にあるが、なお考察を要するようである。ここでは東西の中央で異なる動向があり、近畿はバ依存型から早く脱し単一化傾向にあることを確認するに止め、江戸・東京語との比較やその意味についてはなお考えてみたい。

では、各地方言の模様はどうか。

庄内での概要は、次のようである。

①「旧已然形動詞+バ」は恒常仮定を主とする例が多い。帰結句が「〜ゑゑ(良い)」の例が極めて多いのである—「先ツよく役人しよ(衆を)頼めばゑゑぞし(温泉、170下)」。ただ、今日のタラ・ト相当に「おれ迄よつぽど苦したヤ。どうせば三角になるか丸くなるかと思ツて(筬下127、サ変活用は単純化)」。「そだがと思へば、さべる様でも有し、なんせおた人の文でろでの(苦界380下)」があり、GAJの文例〔3〕〔5〕相当もこの形である。とは言えトも希少例はあり、GAJで庄内は北奥羽への漸移行地域の様子がある。

②未完了性仮定には、「旧已然形+バ」が多い—〜ウバがある—「取てくれろば取て貰フかの(筬121上)」。また、体言類に付くものにダバがあり—「あれか、あれだば簞笥の引出さ入れて置だず(苦界370下)」、ダラバ・ダレバもある—「若しよばりだらば、勝右ヱ門さまござるめちやノ(温泉169)」、「そげだものアハ、ねけ。ふんどしだればあるけツヤ(温泉162)」、ダラもある—「其工面だらとつくに付て居んだず(苦界371下)」。さらにコンダバも一体となって用言を受ける例が複数ある—「有サヘスルコンダバ、ヲレァ一走リ走テモヱゝドモ……(温海19)」、ナラはまず無く、「用言+ダラ」も見られにくい。〜コンダバが主流と思われる。

③完了性仮定はタラバが少数、そしてタラが良く見られる―「来ねばゑともがし。来て居て帰たらば又やかましかろ（温泉176）」、「女郎買たり……して金峰参りに行たら罰冠ろんでろづ（苦界374上）」。

これによれば、①は仮定表現一般へ進出し、ト・タラ相当もこの形式に依っていることが注目される（今日の秋田方言も同様―先引、日高の論）。②の～ウバは古典の～ウニハと関連し（北条忠雄（一九八二）、172頁）、「～ウバ。」のように文末の疑問・反語形式も盛んである。②のダラバ／ダレバは断定デアル由来のもので旧仮定・已然の両形式がある。なお、秋田・青森県付近にある動詞に後接する「（起きる）ダバ」形は今のところ見当たらず、「体言＋ダラ」だけである（「ナラ」に当たるものが関東以北ではダバ。この出自もデアルからかナラの音変化か要検討と思う）。トもまず見られない。～コンダバがこれに代わる形式と思われる。③は国語史と同じくタラの前身がタラバであることを示唆しよう。

GAJでは、山形県は図4のうち表現〔1〕は①のフレバ、〔4〕は②のダラ・コンダラ、〔5〕は①のフレバと②ゴッタラなどが対応する。〔2〕〔3〕は①フレバが多い。方言文献時代もあるいは①フレバであったのかも知れない。北奥羽では①のうちフレバは広く〔1〕～〔3〕にあり、図示は略したが、②の～ウバも点在し、コンダバは類似形ゴッタラとして日本海側に広くあり、〔5〕にも見える（郷土本のコンダバは未完了で、〔5〕は後の進出かも知れない。要検討）。このように見ると、GAJは古典語の流れを引くだけでなく、かなりの方言化形と体系区分が見られ、特に日本海側に多い。その他、〔2〕の宮城県から山形県にかけてト、〔4〕の岩手付近の「未然形＋バ」があるが、今のところ方言文献での手がかりはない。

以上を庄内文献にもどって評価すれば、GAJの模様はやはりほぼ近世後期に成っていたと考えられ、現在と同様に東北北部との橋渡し的な位置にあったことが思われる。

尾張は表現〔1〕にGAJと同じ「火なわをかってくりやよかつた（春秋136頁）」、〔3〕は「こなたがござらぬとまわりがわるい（儛意243頁）」、必ずしも適例ではないが「是でもすき人に《て》すかせりや牡丹の花じや（女楽339頁）」、〔4〕は「行燈を出さつせるならながしにもとぼひてくだれヨ（駅客221頁）」〔5〕は「マヅ見てもらつたらよからあず（軽世363頁、ウズは推量）」とGAJとほぼ同じである。特に「動詞＋バ」の末尾融合形がやはり目立つ。

土佐は候文で、完了性仮定のタレバは頻出、その中に前引「夏向になつたりや、（弁当を）朝と晩と二度に持てこんといかん（49頁）」があり、庶民ならタラの可能性があるとした。**石見**はナラ・ナラバ、タラが良く現れ、トもある。また、前項とバとが融合した「一宛《ヒトツイワテ》ツカハサレマスレバ《リヤア》、能機嫌デ……歌デモウタウガヤウニゴサリマスガ……（4丁ウ）」「〜と御タノミ申セバ《シャア》、一念ノ御約束デハヤ往生ヲ……下サルケニ……（7丁）」（原本の振り仮名を実際の形式と見る）などがある。GAJの模様とほぼ同じである。

九州はGAJではなお「旧已然形＋バ」の強いところであるが、資料にはなかなか現れない。一方で、新しいナラ・ナラバ、タラ・タラバは自在な会話として出る―「知らんこんナラヲ（ママ）おそへて遣ろう（二寸255頁）」、「数えてみたらいくらどん御座らふか（二寸260頁）」。佐賀地方の資料で、これらの形式がGAJでも見られる点の反映であろう。しかし、九州の西部南部でのバ依存形は、今日のGAJでもあるのなら近世期には当然もっとあったと見てよい。そうした中で他の中央に近い地域ではナラ・タラが進出していたと考えられよう。

以上のように見ると、仮定条件の場合も、近世期にはGAJの模様がほぼ成っていたと考えられよう。

2・2 Ⅱ「逆接条件」

2・2・1 Ⅱ-④逆接確定条件―その1「寒いけれどもがまんしよう」（GAJ 38図）

次に逆接のうち、まず確定条件を図5で見る。

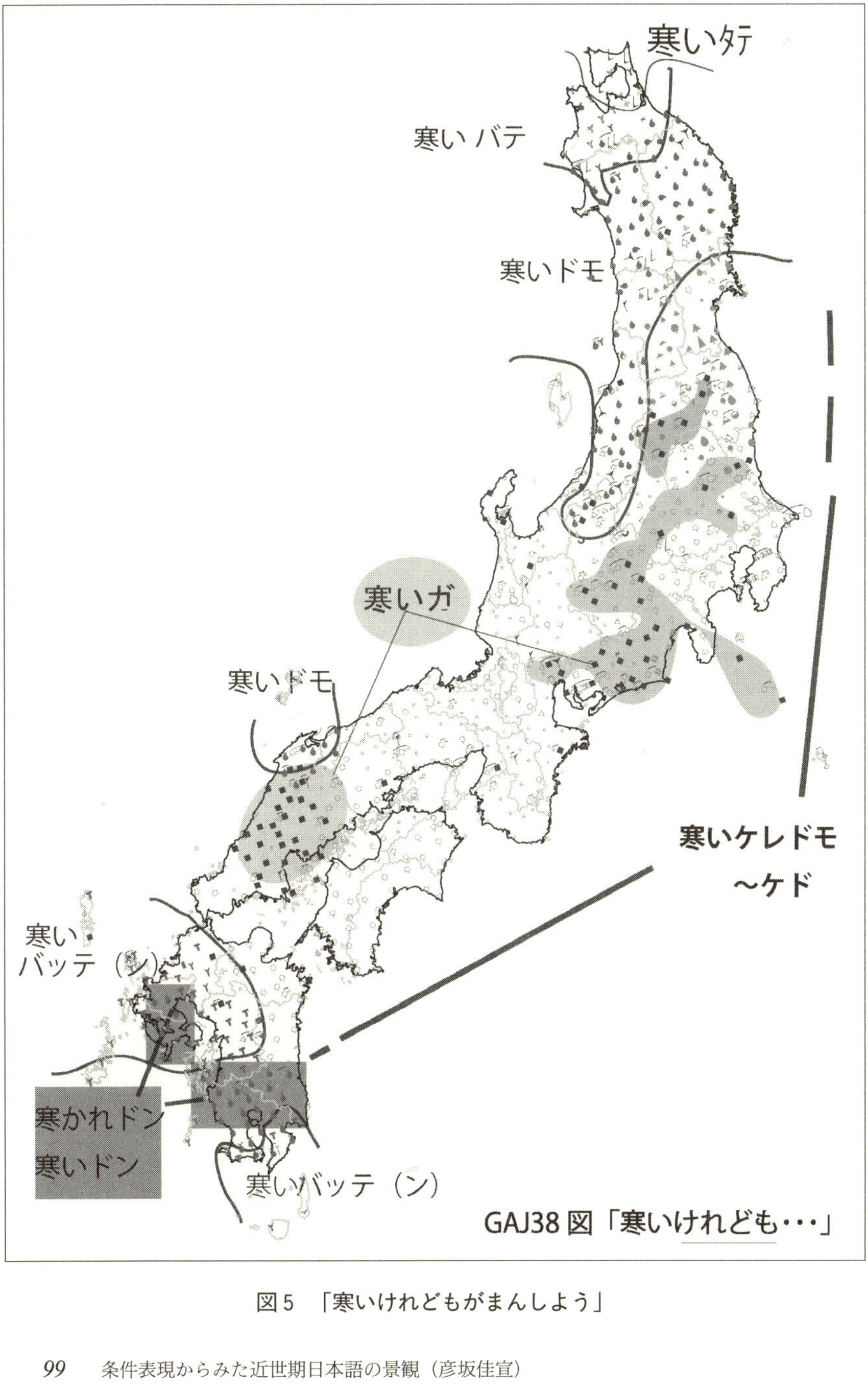

図５　「寒いけれどもがまんしよう」

解釈は彦坂（二〇一〇b）による。ここにも周圏論的な分布が見え、東西にドモ類とバテ・バッテン類、中央にケレドモ類、これに挟まれてガ類がある。しかし、東北端のY印バテ類（図5に津軽を中心にあり）は、近世期にこの地域で仮定表現バタッテが短縮、確定条件化したものと推測し、新しい変化と見た。史的には、国語史では、先の小林賢次・金澤裕之、また宮内佐夜香（二〇〇七）も参考にすると、逆接助詞ドモ（一部トモも）が中古以前に近畿中央から放射され、次に恐らく中世頃に仮定条件のバトテ、バタッテなどが広がり、やがて東西の端でこの形式と用法が逆接確定表現として優勢になった。また前項への承接も終止形となり方言化した（九州では一部「筈じゃれども（大和口上11オ）」と活用語尾も残す）。それを追いかけて中世初期頃から逆接のガが放射され、その後、近世初期頃からケレドモが放射され、今日のような分布ができたと推定した。

しかし、ケレドモ類がガを追い越したように見える点に注目し、これは近畿からのケレドモが江戸に飛び火し、二つの中央地域から放射が続き、西部と東部日本のそれぞれの端にガが残った伝播過程があったと解釈した。中国地方と東海地方のガは西部日本の端、関東の周辺部を取り巻くように点在するガが東部の端と考える。

ケレドモのように近世期に盛んとなった形式は、このように東西の中央から放射され、両地域の端には古態形式が残存するという分布特徴があるように思う。全国的な周圏的分布の上に東西中央からの周圏的分布という、時代を異にした二重の伝播過程があると解釈した。

2・2・2　Ⅱ-④逆接確定条件―その2「植えたのに枯れてしまった」（GAJ 40図）

次に図6「のに」の場合を見る。

標準語では「けれども」は叙述的表現性、「のに」は主観性の強い表現という区分傾向がある。図6は図5と

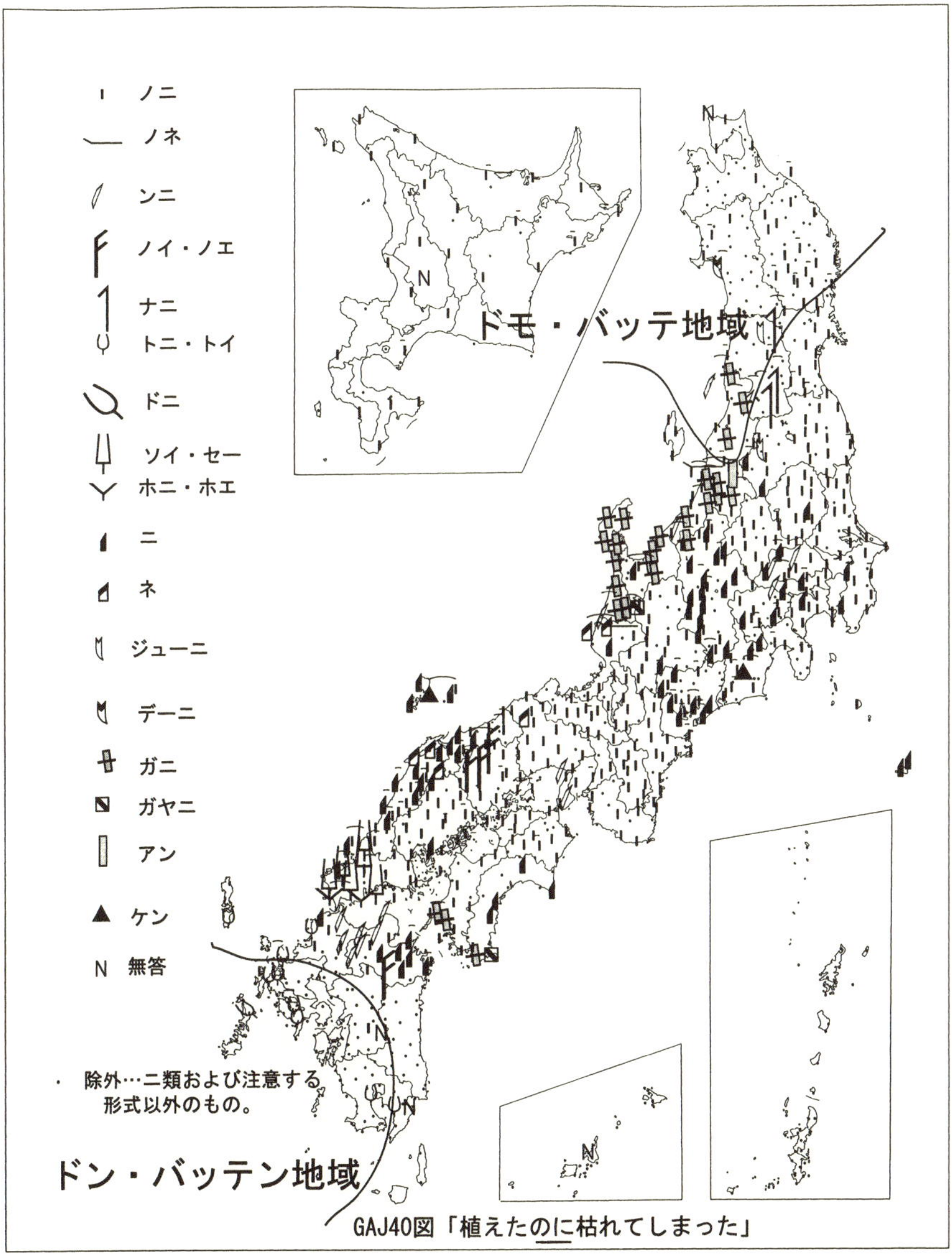

図６　「植えたのに枯れてしまった」のニ・ノニ部分

似るが、ニ・ノニ類が異なっている。その異なる部分を図6とした。

この図によれば、図5「けれども」でケレドモ類の分布する中央地域にノニ・ニが分布し、言い分ける体制が出来ている。対して、周辺部は図5「けれども」とほぼ同じ形式の分布であるが、九州ではドモ（実際にはドン形）の地域にも一部トニが認められ、東北では境界付近にナニもあり、一部は二色の言い分けの地域となっている。やはり中央地域を主とし分析的表現化が認められる。

†国語史・方言文献から

国語史では、原口裕（一九七一、一九八〇）、吉井量人（一九七七）でノ・ノデは近世期から次第に発達し後半期に多くなるとする。ノニの場合も、近世中期以降、準体助詞ノと旧来の接続助詞ニが結合した類似形式である。同じ組成で、北陸から山形県にかけ、また高知県に同類のガニ・ガンニ類があり、九州の西北・南部にトニ類が散見され、山口県にはトニと同類かと思われるホニ類がある。これらは地方的な準体助詞であり、やはりこれと結合したものが近世初期頃から発達したと考えられる。準体助詞は彦坂（二〇〇六）で考察したが、新たにGAJ18図「行くのに便利だ」から整理して図7とした。ノニ・ガニ・ナニ・トニ・ソ（ホ）ニの傍続部にあたる準体助詞の分布が図6の分布とよく一致している。互いに関連した発達があったに違いない。

近世期**方言文献**の模様は、「けれども」と準体助詞の論証は先引の拙稿に譲り、「のに」の点を加え、結論的に示しておく。**庄内**では終止形接続のドモが隆盛し、ニは散見程度、しかし準体助詞ナが多く、なお体言的ではあるがナニもある（仲右衛門サマノ片付サシャンナニ相違ァ無イヤ。温海19上）。**新潟**では「柏崎日記」に準体助詞ガンがある。**尾張**では、ケレドモは僅か、ガとニが主であり、ノニは未定着、ニが主観性の強い逆接・順接の両用である。**石見**は逆接ガが主で、ド・ニも僅かにあるが文体面の関与もあろう。準体助詞ノもいくらかある。**土佐**は多

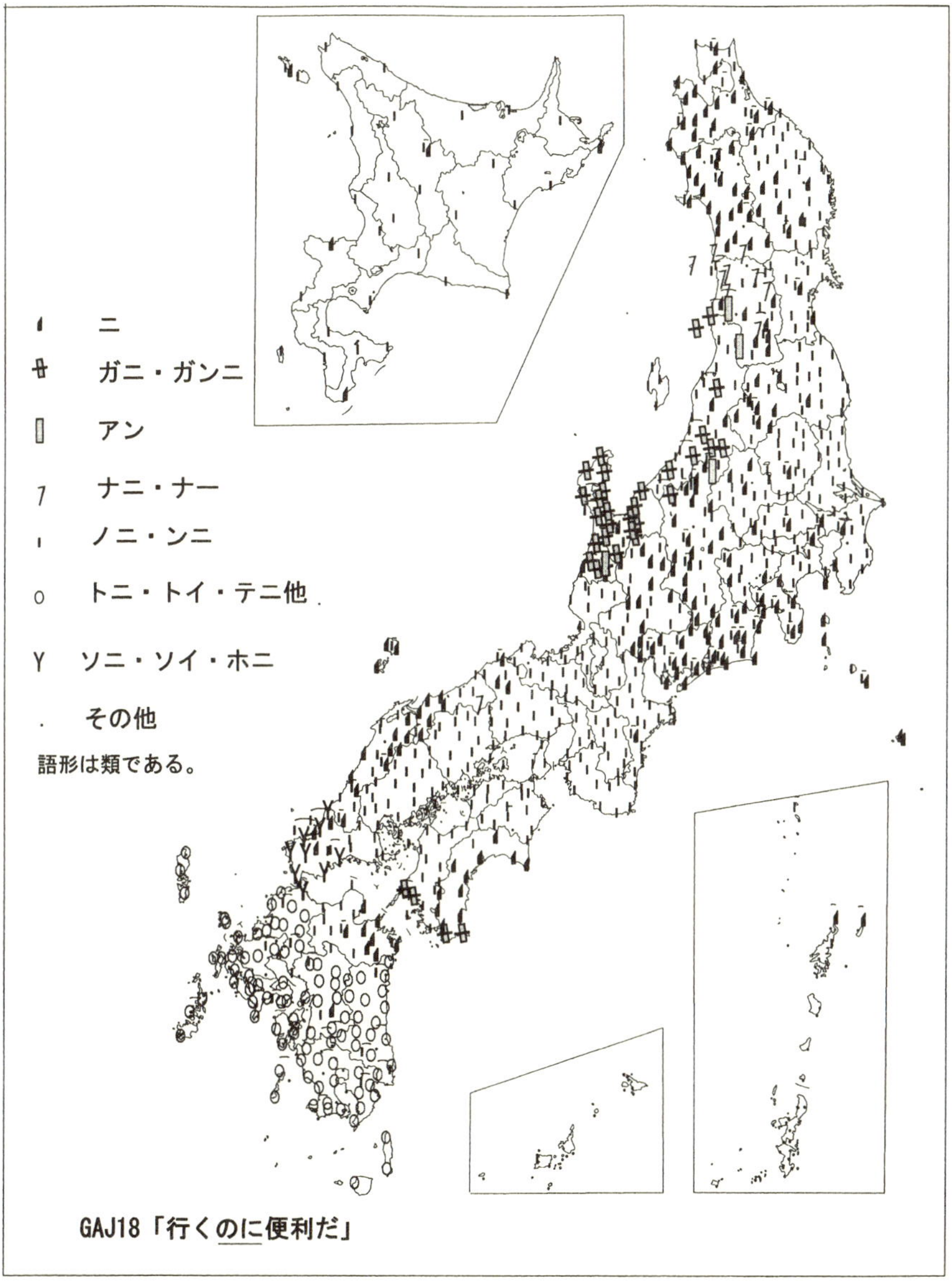

図7　準体助詞類の分布（GAJ18図による）

くのケンドがあり、ニも幾らか、準体助詞はノの他にガが多い。九州は長崎、佐賀の資料や薩摩漂流民ゴンザのものに準体助詞トがある。このように見ると、それぞれの準体助詞のある地域に、ニと結合したノニ類相当の方言形が生まれてもおかしくない時期と言えよう。

一方、ニのままの形式が山陰地方、四国南部・九州東部、また東海から中部地方、関東地方周辺部にある。この地域は、形式体言的な準体助詞はあるが、辞的用法とはなりにくく、ノニ相当が出来ずニのまま続いている。このニは東海・東山地方では順接・逆接両用であり、文末詞ともなっており、類似の用法はなお各地に潜在しているように思う。

以上の二図によれば、中央地域はケレドモ類とノニ類の言い分けがある地域、北陸から山形、高知県、九州や東北の一部でも方言形があって言い分け、他の周辺地域は一色で言う地域になる。近代語の特徴として分析的傾向が言われているが、図6「のに」を見ると周辺地域でもガニ類によるそれが認められ、地方語でもこの傾向を持つ地域がある。他にも何らかの形で言い分けをもつ地域もあろう。

また、中部地方にあるニ単独形の地域に注目すると、ノニが東西の中央に分断され、ここでもやはり二重の周圏的分布が認められる。ノニ類と地方的な同類もほぼ近世以後の発達のものである。

2・2・3　Ⅲ-⑤逆接仮定条件――「行ったって/たってだめだ」（GAJ 171図）

最後に完了性仮定の場合を見る。図8がこの略図である。

大きくは、①イッテモ類と②イッタッテ類とが西日本ではほぼ交錯し、東日本ではやや北と南に分かれる。その中間の静岡県付近に③イッタッテモがあり、近畿地方には④イッタカテ、四国・九州の一部には⑤イタッチ・

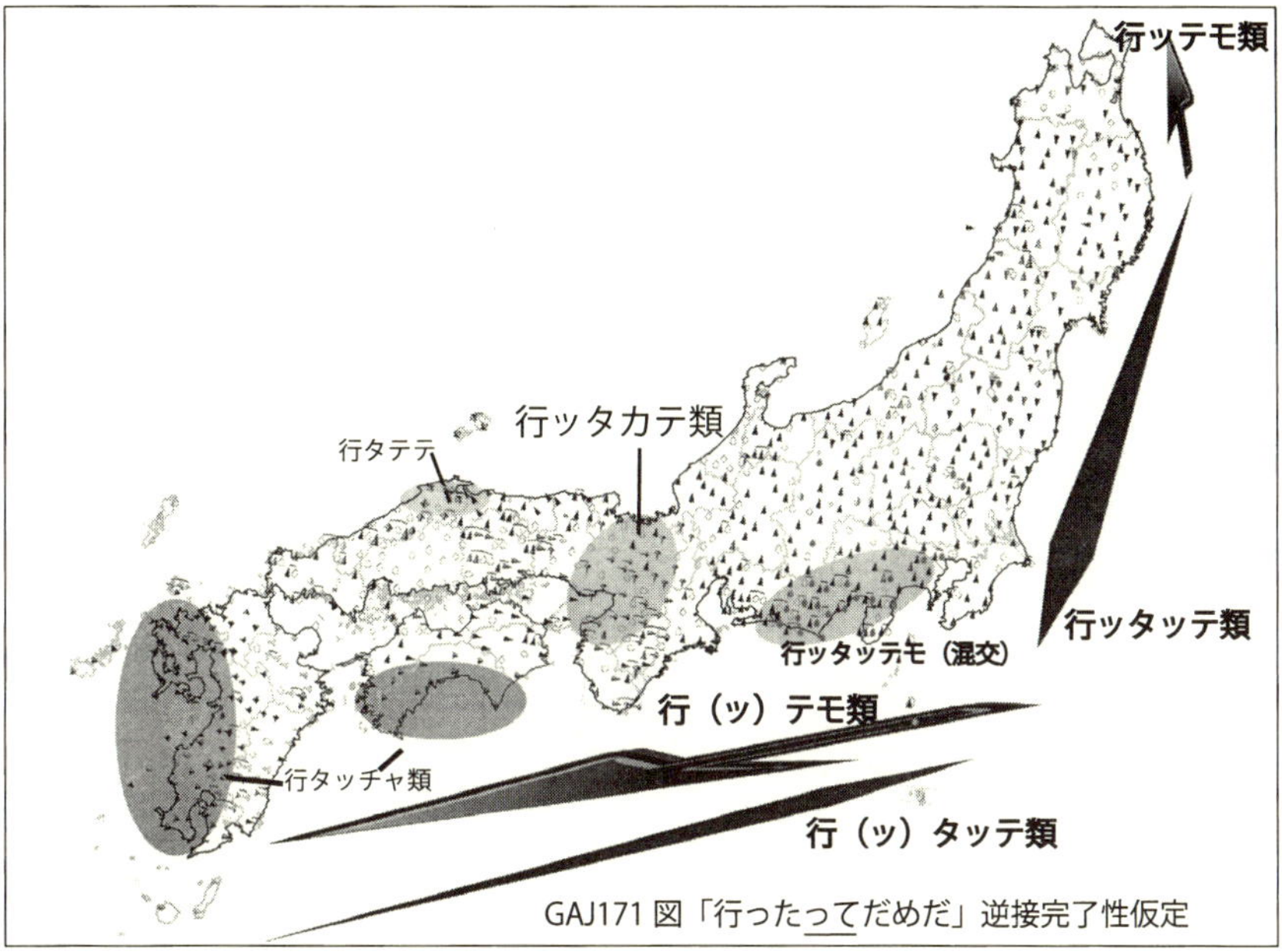

図8　「行ったってだめだ」

イタッチャ類がある。③は①と②の接点での混交形であろう。④は比較的新しい近畿形式であろう。⑤は②の変形であろうか。

国語史上は、先引、金澤によれば、古代にはト・トモ、近世にはテ・テモとトテが併存し、そのトテがタトテとなり、江戸地域が先行して近世後期にタッテとなり、上方は遅れて明治期に多くなるとする。④は上方で宝暦頃から見えるカトテ由来とする。

分布は交錯しているが、江戸が先行する②タッテは、まずは今日の東部地域に多いのと連動しよう。逆に①は西日本にやや多く、青森県にもある点で広く、全体に先行すると見る。東部へは恐らく近畿から日本海側へ伝播して行ったものであろう。すると、ほぼ上の番号順の変化が地域性をまじえた形で展開したと考えられよう。青森の①は図5「けれども」がタテ・バタテの地域で、類似形の後続形②を阻止した状態かと思う。⑤の定位は地方的変化と思うが、正確には難しい。

この表現の場合、分布が交錯しがちなのは、明瞭な対立・交代形式でなく類似形のためではないか。トテが離れて点在するのもこれを示唆しよう。また、図の表題（質問文）により「完了性仮定」としたが、イッテモ形は未完了でもあり、この用法の地図も参照したいところである。

こうした微妙な差異に加えて用例採取が困難なため、方言文献からの点検は出来ないでいるが、**庄内**のざっとした調査では、上記①のテモ2、③のタッテ類4に、トテもあり、拮抗する。憶測に近いが、西部的な①の後に東部的な③が優勢になっているのではないか。**尾張**の場合、テモが極めて多く、タトテが10例余り、カテ・タッテはまず無く、近世の模様はほぼ上記の推定の範囲にある。近世期は、全体にGAJより①がやや優勢な模様かと思われる。

3 まとめ

以上、考察した順に、I―順接の①「必然確定条件」②「偶然確定条件」③幾つかの「仮定条件」類、II―逆接の④「確定条件」⑤同じく「仮定条件」を見てきた。繰り返さないが、この模様はほぼ近世後期には出来上がっていたと考えた。

これを**分布型**から見ると、明瞭な周圏的分布を示す表現が**I―順接**では③「仮定条件」類、次に②「偶然確定条件」に対して、①「必然確定条件」は語形が多彩で東西がやや不均衡な模様があった。

この違いは、③②が「活用形＋バ」型を基本に前項と後項を順当な「条件―帰結」の関係で表わすのに対し、①は前項と後項を因果関係で結ぶのにさまざまな工夫を必要とし、早くからバ依存型を脱し地域性に富む形式を採用したためではないか。

これらはみな元「已然形／未然形＋バ」を基本とし、大きくは活用形部分を動詞からタラ・ナラに変えて（ただし、小林賢次は仮定形のナラバ・タラバは性格が違うとする─203頁）細かな意味を表す形で発達してきている。この点をふまえ、史的解釈と関連する**伝播の型**を考えると、③は已然形が仮定形へと用法が変化する過程を加えながら、先の古代的とも言える型を基本とし、やがてバと前項との融合形となり、さらにナリ・タリを加えて表現可能性を広げながら、やがてバ脱落の過程で中央に広い分布を形成した。今はナリ・タリにバが承接した形式は見つけにくく、それだけバ脱の変化が早かったのであろう。そして、バによる古代的な形式は、東西の隅に押しやられている。②も似た過程をとりながら、この場合は「タリ＋バ」型がやや東西の隅とはいえやや広く展開している。なお、これは③仮定表現のナラ・タラ化が②確定表現のそれより先行したと見られる。この点は国語史の小林賢次、204頁の記述と一致する。その仮定条件では、ナラ・タラ化がタラバ、タレバとどう関わって進行したか、また東西差が如何にして出来たかも興味あるが、今は課題とするに止める。

これに対し、①はバ型が東北と沖縄の一部に見られるだけ、また全体には周圏的分布とも言えない。早く古代的なバ依存型を脱し、中世期に連体また連用形承接のホド・サカイ、ヨッテ類が近畿中央で発達し、西部日本へ（ただし、ケン類など未解決な点あり）、また北陸から日本海側を東北へと伝播した。これが近世以降は、格助詞カラの理由表現化が規範性の弱い東国で先行し、上方語勢力が張り出した日本海側よりも太平洋側を北上して広い分布となったことが思われる。西部日本にもカラはあるが、中世前後以降の諸形式に抑えられ、結果として東西に大きな分布差が出来たのであろう。続いてこの上に、潜在するデが準体助詞と一体となり対象化表現を可能とするノデが成り、東西の中央で個別に放射された模様がある。

こうした分布型や、バ依存形式からの離脱の差は、③②の「条件→帰結の関係」対①の「因果表現の詳細を表す工夫の必要性」という結節意識の違いによると考えられないか。また「已然形＋バ」が確定表現から仮定表現化した変化を反映し、①が早くこれを脱し、③になおバ依存形が残り、中間の②は一部にタリのバ依存を残すということに繋がっている。この点で、日本語総体としては、周辺部になお古代的な形式に対応した状態があることになる（対応とするのは中央語そのままの受容でない方言化面を念頭におくため）。

東西の視点で見ると、西部日本では諸形式が地理的に狭く層をなし、東部日本では層が拡散的である。交流が頻繁であった西部と、それ程でもなかった東部との地理的・文化的な条件が関与していよう。

Ⅱ—逆接は、④「確定条件」は周圏的分布、⑤「仮定条件」は交錯的な分布であった。⑤はその諸形式が多様な言い回しの選択といった感があり、それが交錯する分布になったのであろう。対して④はドモ→ケレドモのやや連続的な変化であり、他に広い用法のガもここに介入して来るが、それほど多様な形式が関わることはない。それが周圏的分布の要因ではないか。ただし、周辺地域ではすでに旧已然形から終止形承接への方言的変化を起こしている。また、この場合も中央ではノニとの言い分けが生まれ、二重の周圏的分布を呈していた。東西の伝播模様は、Ⅰと同じく、やはり西部にやや集積的、東部はやや広い。

以上を概括すれば次のようになろう。**分布面**では、周圏的性格の場合、事項形式に内的変化の傾向があり、そうでもないものは多彩な語形選択が要請された様子がある。事項と**時代面**との関わりでは、当然ながら（1）古代的な形式は周辺にあり、（2）近世以降の発達にかかる形式は中部地方を挟んで東西の中央でそれぞれ放射があり、（1）と（2）の二重の同心円となる傾向が見られる。**表現区分**の点では、二重の同心円的放射の結果として、中央地域には分析的な傾向が著しい。**将来の動向**は、やがて周辺地域にもこの趨勢が及ぶことになろうが、一方では文化・社会的な面からそうした形式を必要としないことも考えられる。**地方的な性格面**として、次のような点もこれと関連しよう。周辺では、二色よりも一色の総合的表現が維持されたり、関連してI-③「仮定条件」類と②「偶然確定条件」に「已然形＋バ」を基調とする単純な体系がみられること、また各種の語形の短縮化─バトテモ→バッテン、ドモ→ドン、タレバ（タラバ）→タバ・タヤなど、接続法の変化─已然形承接だったはずのドモ・バッテンの終止形承接化など─の特色がある。

以上のような言語景観は、中央語の威光をともなった放射の圧力と地方での固有の方言化とのせめぎ合いの結果であろう。本稿では、これがほぼ近世後半には成っていたことを考えた。長い封建社会の固定的なありようが大きく関与しているのであろう。

調査資料

『方言文法全国地図』1-6巻（国立国語研究所一九八九～二〇〇六）。

方言文献─**庄内**郷土本類「温泉の垢」「筬の千言」「苦界船乗合咄」は『洒落本大成』、「温海土産」は斉藤義七郎（一九五六）『出羽方言研究叢書』6。**新潟**関係─「柏崎日記」（澤下春男翻刻、自家版による）桑名藩士・渡部勝之助による柏崎の生活を綴った天保10年から約10年間の日記。**尾張**関係資料─「僻意鈔」「女楽巻」「囲多鬠」「指南車」「軽世界四十八手」「夢中角庵戯言」「駅客娼穿」は『洒落本大成』所収、「春秋洒士伝」は『京都大学蔵大惣本稀書集成』14。**石見**関係─「石見方言茶話」岡山ノートルダム清心女子大学蔵（米谷隆史（二〇〇四）『近代語研究会219回発表資料』参照）**土佐**─横田達雄（一九七八）『武市瑞山獄中書簡』改訂版（自家版）。**九州**─「交隣須知」（京都大学国文学会一九五七）、「滑稽洒落一寸見た夢物語」「大和口上言葉集」吉町義雄（一九七六）『九州のコトハ』所収、ゴンザのもの─上村忠昌（二〇〇一）『漂流青年ゴンザの著作に関する総合的研究（第2版）』自家版。

なお、表記は、考察に関連する箇所を除き、改めたところがある。論文中では、資料名は傍線部分で示し、用例の所在はその頁・丁数で示した。

参考文献

大西拓一郎（二〇一〇）「日本海と畿内の方言分布をむすぶもの」金関恕・監修『東アジア内海の環境と文化』所収、桂書房

金澤裕之（一九九八）『近代大阪語変遷の研究』和泉書院

小林賢次（一九九六）『日本語条件表現史の研究』ひつじ書房

小林千草（一九七三）「中世口語における原因・理由を表わす条件句」『国語学』94

小林千草（一九七七）「近世上方語におけるサカイとその周辺」『近代語研究』5

小林好日（一九五〇）『方言語彙学的研究』岩波書店

永野賢（一九五二）「『から』と『ので』とはどう違うか」『国語と国文学』29-2

原口裕（一九七一）「ノデの定着」『静岡女子大学研究紀要国文研究』4

原口裕（一九八〇）「準体助詞ノの定着―和歌の俗語訳の場合」『国語学』123

彦坂佳宣（一九九一）「近世後期の推量・意志表現―近畿・東海地方の言語景観小見」『日本近代語研究』1　ひつじ書房

彦坂佳宣（一九九七）『尾張近辺を主とする近世期方言の研究』和泉書院

彦坂佳宣（二〇〇五）「原因・理由表現の分布と歴史―『方言文法全国地図』と過去の方言文献との対照から―」『日本語科学』17

彦坂佳宣（二〇〇六）「準体助詞の全国分布とその成立経緯」『日本語の研究』2-4

彦坂佳宣（二〇〇七）「仮定条件の全国分布とその特徴」『安達隆一先生古稀記念　ことばの論文集』自家版

彦坂佳宣（二〇一〇ａ）「近世後期庄内郷土本類の順接条件」『同大語彙研究』12（同志社大学大学院日本語学研究会）

彦坂佳宣（二〇一〇b）「『寒いけれども～』（『方言文法全国地図』）の解釈―逆接確定表現の言語地理学的考察―」『日本語の研究』6-4
日高水穂（一九九九）「秋田方言の仮定表現をめぐって―バ・タラ・タバ・タッキャの意味記述と地域的標準語の実態―」『秋田大学教育文化学部研究紀要（人文・社会科学部門）』54
日高水穂（二〇一〇）「全国方言準備調査における文法項目の結果分析と考察」国立国語研究所共同研究プロジェクト発表資料（二〇一〇年三月二三日）
北条忠雄（一九八二）「東北方言の概説」『講座方言学4―北海道・東北地方の方言―』国書刊行会
三井はるみ（二〇〇九）「条件表現の地理的変異―方言文法の体系と多様性をめぐって」『日本語科学』25
宮内佐夜香（二〇〇七）「江戸語・明治期東京語における接続助詞ケレド類の特徴と変化―ガと対比して―」『日本語の研究』3-4
矢島正浩（二〇〇六）「近代関西語の順接仮定条件―ナラからタラへの交代をめぐって―」『日本語科学』19
吉井量人（一九七七）「近代東京語因果関係表現の通時的考察―「から」と「ので」を中心として―」『国語学』110

第II部　言語生活の面から捉え直す近世語

日本語の歴史的研究と変異形

福島直恭

【要旨】「〇〇語の歴史を明らかにする」という言い方がよくされるが、言語の歴史とは「明らかにする」ものではない。歴史記述とは、それまで隠されていたものを白日の下にさらすというイメージではなく、むしろ材料を自由に拾い集めて紡ぎ出すという表現の方がふさわしいような人間の言語活動である。従来の日本語の歴史的研究は、先験的に存在する日本語の真実の歴史を客観的な立場から解明するという目的で行われてきたといえそうだが、そこで「真実」といわれていたものは、実はあるひとつの主観的立場からとらえた言語のあり方にすぎないものであって、別の立場からの歴史記述もあり得るはずである。近世語の研究は、これまでとは違う「言語のあり方」を前提とした歴史記述が成り立つことを具体的に提示する可能性を秘めた分野だと思う。本稿ではそのことを、従来の研究では軽視されていた「変異形」に着目しながら示してみたい。

【プロフィール】
ふくしま・なおやす
これまでの私の研究は、過去の日本語を対象としたものの方が多かったので、専門領域を聞かれたときは、安易に「日本語史」と答えてきました。しかし最近になって、過去の日本語を研究することと日本語を歴史的に研究することは同じではないと思うようになりました。これからは、本当の意味で「日本語史」と答えられるような研究をしていきたいと考えています。

1　言語の多様性と変異形

本稿の一番重要な目的は、言語を歴史的に研究する際にも、言語の多様性を十分認識すべきであるということを主張することである。学術研究における「多様性」という概念は、生物の多様性をはじめとして、それからの類推的な拡張によって、例えば民族の多様性、人種の多様性、文化の多様性など、特定の空間に複数のモノやコトが混在する状態を意味する用語として様々な分野で使用されている。「言語の多様性」という表現も、特に近年、言語研究の分野はもちろん、それ以外の学問分野でも、また一般的な言説においても、しばしば使用されるものとなった。言語の多様性の第一義的な意味は、ある特定の地域に、複数の言語変種が混在している状態、つまり多言語国家や多言語社会の状態を指すものである。しかし、本稿でその重要性を強調する言語の多様性とは、そのような言語変種の多様性ではなく、ひとつの言語変種内部に存在する言語項目の多様性である。つまり、『同じ機能を果たす言語形式にも複数の音や形態が存在するということ、言い換えれば言語的変異形が数多く存在する』という意味で用いるということである。

従来の一般的な言語研究の多くは、言語が情報伝達という機能を果たすための自律的な体系をなしているという前提で行われており、その結果、機能の異なる言語項目のみを重視していて、形は異なっていても機能が同じであるような変異形の存在は、認識はしていても重視はしていなかったといえる。変異形は、いわゆるallophone（異音）やallomorph（異形態）などの、言語的環境によって選択的に決まる変異形と、同一の言語的環境に出現し得る変異形（free variant・自由変異形）とに分類されるのが一般的であるが、特に後者の存在は、社会言語学や方言研究以外の分野では軽視されていたといわなければならない。自由変異が取りあげられるとしたら、それらの使用の偏りが、使用者の有する社会的属性（所属する民族、社会階級、世代、ジェンダー、信仰する宗教等々）

の違いと相関するという点を記述しようとする場合だけであり、歴史的研究の中心をなす言語変化研究においては、変異形をひとからげにして扱うという研究態度が未だに主流である。ここでは、変異形を軽視したり無視したりせずに、むしろ用例収集や分析や解釈において、変異形それぞれの存在意義を十分考慮することが重要であるということを、そうしなければ変化の本質に迫ることができないと思われる具体例を提示しながら述べていく。

2　打ち消し過去「なかった」の成立条件

2・1　問題設定

変異形の存在を考慮することの重要性を示す例として、本稿でまず最初に取りあげるのは、江戸語における、打ち消し過去を表す「なかった」という形式の成立時期に関する問題である。先行研究[*1]によると、「なかった」は、それまでの江戸語でその意味領域を主にカバーしていた旧形式「なんだ」と交替する形で、一九世紀前半～後半にかけての約五〇～六〇年間にその地位を確立したものと考えられている。そしてこの「なんだ」→「なかった」の交替の理由としては、亀井孝他（一九六五）が述べるように、「より均整のとれた体系へ向かったもの」という説明が、現在のところ最も説得力を持つものであるといえよう。より均整のとれた体系というのは、形容詞「無い」に対して、その過去形として「無かった」があるのだから、助動詞の方も「行かない」に対して「行かなんだ」が対応している（次頁の【表1A】）より、「行かなかった」が対応している（【表1B】）の方が足並みがそろっているという程度の意味である。

＊1　中村通夫（一九四八）、亀井孝他（一九六五）、金澤裕之（二〇〇八）など参照。

【表1A】「なんだ」の場合

	基本形	＋過去
形容詞	ナイ	ナカッタ
助動詞	行かナイ	行かナンダ

【表1B】「なかった」の場合

	基本形	＋過去
形容詞	ナイ	ナカッタ
助動詞	行かナイ	行かナカッタ

過去の言語変化に関するこの種の説明——旧形式αが新形式βと交替したのは、βの方がαより何らかの点で優れていたからであるというような説明——は、この「なんだ」→「なかった」に限らず、たいへん多くみられるものである。しかし、すべてのこの種の説明は、『βの方が優れているならなぜもっと早くβにならなかったのか、あるいはなぜはじめからβではなかったのか』という疑問に直面することになる。その疑問に対する十分な解答とセットになって、はじめてこの種の説明が説得力を持つものとなるはずである。

新形式「なかった」は、一般的な品詞分類に基づけば、打ち消しの助動詞「ない」に過去の助動詞「た」が結合した複合形式である。よって、少なくとも日本語の歴史上で「ない」や「た」が確立するまでは、「なかった」という形が成立する条件が整っていなかったということは明らかである。もし「ない」と「た」あるいはそのうちのどちらか一方の確立が、「なんだ」→「なかった」という変化が起こったといわれる一九世紀だとか、その少し前だとかいうのなら、この変化がこの時期に起こったことの説明はそれだけで十分かもしれない。ところが、実際はそうではなくて、「ない」も「た」も「なかった」という結合以外では、もっとずっと早い時期からの使用例がたくさん見られるというのが、現在の一般的な認識であるといえよう。つまり現段階では、「なんだ」→「なかった」の変化は、文献調査の結果からその変化の時期を一九世紀の約五〇〜六〇年間に限定することはできても、なぜその時期に変化したのかという問題に対しては有力な説明が見あたらないといわなければならない。よって、本稿のここでの目的は、『「なんだ」→「なかった」という変化がなぜ一九世紀に起こったのか』という問題、本稿の趣旨に即して言い直せば『なぜ一九世紀まで起こらなかったのか』という問題の解答を提示することである。そして、その説明のためには、変異形の存在を考慮する必要があることを述べるものである。

2・2 「なかった」の構成要素「ない」の出現形態

2・1で設定した、打ち消し過去の新形式「なかった」の成立時期の問題を考える上で注目すべき事実が、中沢(二〇〇六)で指摘されている。それによると、「なかった」の構成要素である打ち消しの助動詞「ない」は、一九世紀初頭に出版された式亭三馬の滑稽本『浮世風呂』や『浮世床』では、もっぱら[ネエ]という形で現れることが多く、[ナイ]という形で現れることは非常に少ないということである。

[ネエ]は、[ナイ](nai)の中の連接した母音aiが長母音eːに変化してできた言語形式で、このai→eːという変化は、助動詞「ない」に限らず名詞、動詞、形容詞など非常に幅広い範囲をカバーする現象であり、近世江戸語の代表的な特徴のひとつとされている。[*2] そしてこの連接母音aiを持つ形式と、そのaiが長母音化したeːを持つ形式とは、両形式が同一言語社会に併存している場合は、前者には標準的、後者には非標準的なニュアンスが付随していて、文体的な側面で対立していたということができる。

確かに、打ち消しの助動詞「ない」について、新形式[ネエ]とその基となった旧形式[ナイ][*3]を比べると、

*2 松村明(一九九八)参照。
*3 本稿ではこのような変異形を示すときは[ナイ]と[ネエ]のように[ ]に入れた形で表記する。

例えば一九世紀成立の『春色梅児誉美』『春色辰巳園』などの人情本に見られる江戸町人の女性の言語使用においては、使用者の社会階級が比較的高い場合は［ナイ］が現れやすく、その逆の場合には［ネエ］が現れやすいということができる。[*4] つまり旧形式［ナイ］と新形式［ネエ］は、助動詞「ない」の変異形として使用者の社会的属性や場面の改まり度などと相関する現れ方をしていたということである。そしてこの相関は、［ネエ］の使用者としての条件に「男性」という限定が新たに加わったという点を別にすれば、基本的に現代東京語にもそのまま受け継がれているということもできる。

ところが中沢（二〇〇六）によると、人情本より前に成立した『浮世風呂』や『浮世床』では、このような［ナイ］と［ネエ］の文体的な対立がみられないとのことである。今、『浮世風呂』『浮世床』に現れる［ナイ］と［ネエ］の数を中沢（二〇〇六）から転載すると次のように圧倒的に［ネエ］に偏っていることがわかる。

［ナイ］：一〇例　　［ネエ］：五九一例

中沢（二〇〇六）では、『浮世風呂』や『浮世床』で、標準的な価値を持つ［ナイ］の使用が、非標準的価値を持つ［ネエ］に比べてこんなに少ない理由として、この言語社会では、打ち消しの助動詞として「ない」とは別に上方語起源の「ぬ」があり、これが当時の上方語の威信を背景として、非標準形式［ネエ］に対する標準形式のポジションを占めていたからであると述べている。確かにこれらの文献における「ぬ」系列の打ち消しの助動詞の使用数は一四三例であり、［ナイ］に比べるとはるかに多いことが確認される。

これまで一般に、江戸語では打ち消しの助動詞として「ない」が多く用いられていたといわれている。しかし、それは［ナイ］という形で現れても［ネエ］という形で現れても、どちらも「ない」という語としてカウントしていたからであり、少なくとも『浮世風呂』や『浮世床』に登場するような江戸庶民の言語では、［ナイ］の方は出現数がごくわずかであり、標準形式「ぬ」と、非標準形式［ネエ］のはざまで、あまり活発な使用はみられない存在であったといえるようである。

さらに『浮世風呂』『浮世床』以前の江戸語の洒落本をみると、そこには『浮世風呂』や『浮世床』にみられるような、

標準形式「ぬ」―　非標準形式［ネエ］

という文体的対立を示す資料がある一方で、それとは違う、

標準形式「ぬ」―　非標準形式［ナイ］

という文体的な対立が認められる資料もある。おそらくこれは、［ナイ］を基にして生まれた長母音形式［ネエ］が定着する前の段階で、当時の上方方言の威信を背景として、上方方言出自の「ぬ」と、東日本方言出自の［ナイ］とが、標準形式―非標準形式という文体的な対立を形成していたということなのであろう。この「ぬ」―［ナイ］の［ナイ］が新たに生まれた長母音形式［ネエ］に入れ替わって成立したのが、『浮世風呂』や『浮世床』に見られるような「ぬ」―［ネエ］という対立なのだと考えられる。[*5]

---

*4　中沢紀子（二〇〇八）参照。ただし、それによると『春色梅児誉美』『春色辰巳園』では、特に男性話者の場合は『浮世風呂』や『浮世床』と同様に「ぬ」対［ネエ］の対立が主流だと述べている。

*5　ここで示した「ぬ」―［ナイ］↓「ぬ」―［ネエ］という対立の変遷は、中沢（二〇〇六）の主張を本稿の筆者なりにまとめたものである。

2・3　打ち消しの助動詞の文体的対立の変遷と［ナカッタ］の成立

2・2で述べたことをまとめて、後期江戸語における打ち消しの助動詞の文体的対立のあり方の変遷を【表2】として示す。ただし助動詞「ない」に関してはその変異形まで考慮した形でまとめるが、助動詞「ぬ」に関しては、その変異形を持ち出さず、すべて「ぬ」として示す。

【表2】打ち消しの助動詞の文体的対立の変遷

	標準形式	非標準形式
第1段階	「ぬ」	［ナイ］
第2段階	「ぬ」	［ネエ］
第3段階	［ナイ］	［ネエ］

※第1段階↓「洒落本」の一部にみられる対立
※第2段階↓「洒落本」の一部、『浮世風呂』『浮世床』などにみられる対立
※第3段階↓「人情本（女性話者）」、現代東京語などにみられる対立

【表2】からわかるように、ここで問題としている打ち消しの助動詞「ない」の変異形［ナイ］は、江戸の庶民の言語では第1段階と第3段階に主要な変異形として現れる。しかし、第1段階で現れる［ナイ］は、「ぬ」に対立する非標準形式の［ナイ］である。［ナイ］が標準形式として現れるのは、実は第3段階になってからなのである。［ナイ］を構成要素とする「なかった」が［ナンダ］に替わって打ち消し過去を表す主要なポジションを獲得できるようになるためには、まず［ナイ］が標準形式として確立することがその条件のひとつであったに違いない。つまり【表1】に示した区分でいえば、第3段階を待たなければならなかったということである。これが、「なかった」の確立が一九世紀になったことに大きく影響した要因だと考えられる。

もし、多くの先行研究のように、変異形を重視せずに、［ナイ］も［ネエ］もひとまとめにして助動詞「ない」として扱うとしたら、【表2】のような対立の変遷は把握できず、単に、江戸語では「洒落本」や『浮世風呂』『浮世床』の頃までは「ぬ」と「ない」が併存しており、その後「ぬ」が衰退して「ない」が残って現代語に至るというシンプルな記述にとどまることになる。これでは、「なんだ」↓「なかった」という変化が定着した時期がなぜ一九世紀になったのかという問題を考察する手がかりを得ることはほとんど期待できないということである。

3　終止・連体形接続の［ソウナ］と［ソウダ］

3・1　問題設定

近世江戸語における終止・連体形接続の助動詞「そうだ」には、次の(1)〜(4)のように、推量の意味にとれる用例と伝聞の意味にとれる用例がみられる。

(1)山本や「どなたかお出なさつたそふな」と桟橋へ出迎ふ［推量］（『遊子方言』）
(2)をりから風呂の中にて「湯気に上つたさうだ。ヲイ番頭目を廻した人があるぜエ」［推量］（『浮世風呂』）
(3)源「ヤ、傘屋の六郎兵衛さんが亡たさうだね」［伝聞］（『浮世風呂』）
(4)米八「幼なじみは格別かわいいそふだから御尤もでゴザイマスヨ」［伝聞］（『春色梅児誉美』）

ところがこの「そうだ」は、現代東京語になると伝聞の意味しか残っていないといえる。これは、「ようだ」「らしい」「みたいだ」などいろいろな推量系の他の助動詞の勢力拡張に押されて「そうだ」の意味の範囲が縮小したからだと考えられている。しかし、縮小はしても完全に消えてしまったわけではなく、現在でも、伝聞の意味に限定された形ではあるが、安定した使用がみられるように感じられる。ここでは、終止・連体形接続の「そうだ」が、勢力を縮小しながらも、消滅してしまうことなく現代東京語で伝聞専用形式として存在し続けている理由について考えていく。その際に、この助動詞「そうだ」が、［ソウナ］と［ソウダ］というふたつの形を持っていて、このふたつが変化の過渡期においては変異形の関係を形成していた事実に着目する。なおこれ以降、この終止・連体形接続の助動詞のことを、終止「そうだ」と呼び、その「そうだ」の変異形を［ソウナ］、［ソウダ］のように表記する。

3・2　終止「そうだ」に関する先行研究

従来の終止「そうだ」に関する研究は、［ソウナ］と［ソウダ］という形態の違いを区別せず、それらをひとまとめにして助動詞「そうだ」の用法の変化をたどったり、この終止「そうだ」と類似的な用法の変遷をみせる終止・連体形接続の「げな」（これ以降は終止「げな」と呼ぶ）との比較を行ったりしたものが多い。

まず、仙波光明（一九七六）では、近世前期〜後期にかけての上方語と江戸語資料にみられる終止「げな」と終止「そうだ」（仙波（一九七六）では「さうな」と表記されている）についての詳細な調査をもとに、この2つの語の用法の変化を概観し、その変化が起こった時期についてまとめられている。その中で本稿に直接関係する江戸語の終止「そうだ」については、『遊子方言』や『辰巳之園』などの洒落本では推量しかなかったものが次第に伝聞の用法が多くなり、『浮世風呂』以降で伝聞の方が多くなっていることが示されている。

岡部嘉幸（二〇〇二）では、洒落本と滑稽本を資料として終止「そうだ」の機能について考察し、『既に起こっていることあるいは現在存在していることとして形成されている事態内容に対して「経験的に把握できない」という意味を付加するもの』と結論づけ、そこから、この助動詞の【伝聞】と【推量】の用法が生まれたものであると述べている。

青木博史（二〇〇七）は、述部の構造変化と文法化という変化の方向についての解釈を「げな」を中心として展開したものであるが、その中で終止「そうだ」にも言及している。それによると、名詞や形容詞語幹、動詞連用形などに接続していた「そうだ」が終止・連体形に接続するようになった段階では、終止「げな」と同様に、名詞句「〜サウ」＋コプラ「ナ」という構造で、様態の意味を表していた。次にその「サウ＋ナ」が文末専用の「不変化型」として事態に対する「判断」を表すモダリティー形式として成立したと述べている。このような「そうだ」の変化の原理は、他の助動詞にも適用できるものであり、重要な知見である。

これらの先行研究によって、資料の調査に基づいて「そうだ」の意味の変化がいつどのように起こったかが跡づけられ、終止「そうだ」の基本的機能からどうして「推量」「伝聞」などの意味が生じるのかが論じられ、そしてその「そうだ」の変化の方向性が、一般的なモダリティー形式の成立パターンに合致するものであることなどが明らかにされてきたといえる。しかし、一連の変化のプロセスの中において、これらの先行研究が特に注目するのは、「げな」や「そうだ」が終止・連体形に接続するようになった時点だとか、文末専用形式となった時点である。よってこれら先行研究の成果だけでは、現代日本語において終止「そうだ」が伝聞用法に限定された形で存在していることについての十分な説明はできないといわなければならない。

3・3　形態の変化と意味の変化

3・1でも述べたように、近世江戸語の文献を調査してみると、終止「そうだ」には、［ソウナ］と［ソウダ］

という2つの形態が見られることがわかる。「そうな」は「そう」+「なり」からできたものだが、この断定の助動詞「なり」が、江戸語においては別の断定の助動詞「だ」に置き換わっていくという変化が起こり、その結果の影響で「ソウナ」にも「ソウダ」というもうひとつの形が生まれたものと思われる。確かに、資料の調査結果からみても、より古い時代の資料ほど「ソウナ」の使用が多く、より新しい時代の資料ほど「ソウダ」の使用が増えてくるというおおよその傾向を指摘することは可能である。ただし仙波（一九七六）などで明らかにされた、「ソウナ」主体の使用状況から徐々に新しい形「ソウダ」主体の使用状況にシフトしてくるという変化は、「なり」→「だ」という断定の助動詞の変化の時期と並行して起こっているわけではなく、前者は後者より時期的にはかなり遅れて進行したもののようである。

次に終止「そうだ」の意味の変化だが、仙波（一九七六）をはじめとする先行研究で述べられているように、モダリティー形式の助動詞となった「そうだ」は、推量用法が先行し、伝聞の用法はそれより遅れて現れてきたものと思われる。この点では終止「そうだ」より変化の時期が先行する終止「げな」と同じパターンの意味の変化だといえる。

今述べた終止「そうだ」の形態上の変化と意味上の変化は、一方の変化が他方の変化の原因となったとか、同じひとつの理由で形態面と意味の面の両方に変化が起こったとかいうような関係ではなく、相互に直接的関係のない変化だと思われる。しかし、直接的関係はないふたつの変化でも、用例の調査から見ると、このふたつの変化がある程度かさなった時期に起こったので、結果的に「ソウナ」か「ソウダ」かという形態面の違いと、推量か伝聞かという意味の面での違いとが、ある程度相関した現れ方を見せることになる。【表3】は、終止「そうだ」の現在はなくなった「推量」の意味で使われている使用数と、現在も残っている「伝聞」の意味にとれる使用数を、［ソウナ］と［ソウダ］とに分けて――「そうに」や「そうで」などはソウ〜として――まとめたものである。ただし、「推量」とも「伝聞」ともとれる例は「推・伝」という欄にその用例数を入れてある。使用した資料は、【表3】の下にあるように「洒落本」「滑稽本」「人情本」である。*6

より古い形である［ソウナ］の用例の中には推量の用法で使われているものが多く、明らかに伝聞の用法であるといえるものは一例に過ぎない。逆により新しい形である［ソウダ］の用例の中には、［ソウナ］から引き継いだ推量の用法に加え、量的にはその倍以上に伝聞を表すもの、あるいは伝聞の意味にもとれるものが多いといえる。

【表3】［ソウナ］と［ソウダ］の用法別使用数

		推量	推・伝	伝聞
洒落本	ソウナ	9	1	1
	ソウ〜	2	2	0
	ソウダ	3	2	0
滑稽本	ソウナ	0	1	0
	ソウ〜	1	1	13
	ソウダ	2	1	6
人情本	ソウナ	0	0	0
	ソウ〜	0	2	4
	ソウダ	3	3	11

【洒落本】
『郭中奇譚』『辰巳之園』
『遊子方言』『南江駅話』
『侠者方言』『甲駅新話』
『南閨雑話』

【滑稽本】
『浮世風呂』

【人情本】
『春色梅児誉美』
『春色辰巳園』

*6 使用したテキストは、「洒落本」は『洒落本大成四・五・六』中央公論社、滑稽本は『新日本古典文学大系八六』岩波書店、人情本は『日本古典文学大系六四』岩波書店である。

3・4　終止「そうだ」の勢力の縮小

3・3で述べたように、終止「そうだ」は、［ソウナ］→［ソウダ］という形態面の変化と推量→伝聞という意味の変化（拡張）の時期が重なったことで、旧形式［ソウナ］には推量の用法が多く、新形式［ソウダ］には伝聞の用法の方が多いという偏りが生じることとなった。そしてそういう状態の時に、他の推量系の助動詞の勢力の拡張におされて、終止「げな」と同じように終止「そうだ」も勢力が縮小していくことになる。しかし、終止「そうだ」の場合は、［ソウナ］は推量、［ソウダ］は伝聞という役割分担がある程度確立していたので、その勢力が縮小していくと言っても、使用量が全体的に減少するという方向での縮小ではなく、他の推量系助動詞と重なる部分が多い推量の［ソウナ］だけが衰退し、［ソウダ］の方は伝聞専用形式として用法を特化する形で生き残ることができたのではないかと考えられる。終止「そうだ」の一連の変化がこのような形で落ち着くことになったのは、形態の面で［ソウナ］とは違う［ソウダ］という形が存在していたということ、さらにその［ソウダ］が、「〜だ」という、現代語東京語における典型的な文終止のパターンにのっとった形式であり、文末専用の不変化型助動詞としてふさわしい形態であったことが大きく影響していると思われる。

［ソウダ］が［ソウナ］と異なる形態を持ち、伝聞の意味で使われた用例の方が多かったということは、それ単独では『現代語で終止「そうだ」が伝聞専用形式になったのはなぜか』という問いの充足的な答えとはいえないことは明らかである。それだけではそもそも終止「そうだ」の勢力が衰退していったという事実に関しては何も説明できないからである。しかし、衰退していく終止「そうだ」の中にあって伝聞の意味を表す助動詞として現在まで残っている点に関しては、今述べたような［ソウナ］と［ソウダ］という変異形の存在の影響を無視することはできないと思われる。

4 言語の歴史的研究における変異形の位置づけ

4・1 変異形の重要性

本稿ではここまで、言語変化を考察するに際して、言語的変異形の存在を重視することの必要性、有効性について具体例を挙げながら述べてきた。この言語的変異形は、現代の一般的な日本語研究においては言語体系の主要な構成要素としては扱われていないものである。言語の一項目ではあるけれども、いわば周辺的な存在とみなされてきたといわざるを得ない。

ここで注意を喚起しておきたいことは、本稿においての筆者の主張は、『そういう周辺的な存在でも、変異形が言語変化に与える影響は大きなものである』というものではないということである。なぜなら本稿の筆者は、言語において変異形が周辺的な存在だとは、はじめから全く考えていないからである。言語というものを、ソシュールの思想に代表されるような、世界を分節するための差異の体系として捉える立場からすると、確かに変異形は、そういう意味での差異は示さないので、その存在価値が低く見られるであろう。しかし、だからといって変異形は何の差異も示さないわけではない。変異形は、意味上の差異は示さないが、その使用者の差異を示す力を持っている。例えばある状況では、［行かナイ］という言い方をする話者は、［行かネエ］という言い方をする話者などとは違って、自分がもっと上品で教養のある人間であることを表明していることがある。また、ある状況では、［行くソウダ］という形を使う話者は［行くソウナ］という形を使う話者とは違って、自分がもっと新しい感覚を持った若々しい人間であることを表明している場合もあっただろうし、上方文化よりも江戸の文化により高い価値を見いだすタイプの人間であることを表明している場合もあったかもしれない。このように、人間は言語的変異形の使い分けを通して、自分がどのような人間であるかを示しながら――別の言い方をすると、ある特定の社会空間における自分のポジションを確認しながら――生きているということができる。自分がどのような人間であるかを示すことは、人間にとって非常に重要な行為であり、誰にとっても言語生活の上での最も重要な目的といえるものである。言語的変異形は、「言語体系」という、言語に対するひとつの特殊なとらえ方からすると小さな存在かもしれないが、言語を使用する人間にとっては、いつの時代のどこの言語社会においても、非常に大きな意味のある存在なのである。そして、使用者である人間にとってそれほど重要な存在ならば、言語を研究対象とする場合にも、それらの存在にもっと大きな役割を付与するような記述や解釈が十分あり得るはずである。

「言語体系」とは、言語研究に先立って実在する「言語の真の姿」だとか「真理」などではない。記述や解釈の都合で仮設された抽象的な存在である。よって、そういう仮構概念を設定することに特別な必要性を感じないとか、特別な執着を持たない立場からの言語研究も十分あり得るはずだし、それと「言語体系」の存在を前提とする言語研究とは、どちらか一方しか成り立ち得ないというものではないということである。言語的変異形は、後者の立場にとっては重視する必要のない存在かもしれないが、それ以外の立場の言語研究にとっても同じだということには必ずしもならないのである。

4・2　言語の歴史的研究と言語体系

日本語の歴史的研究という分野においても、「言語体系」という仮構概念は重要な前提となっている場合が多い。過去のある時代のある地域の言語は、いずれも体系をなしているはずだと考えられている。そして、その言語が変化するとしても「体系」という大枠は維持したままで変化するはずだと考えられている。よって、「体系」にとって重要な言語項目は、言語変化研究にとっても重要だとみなされて、その変化は注目され、記述や解釈の対象としての価値が認められやすい。逆に「体系」にとって重要ではない言語項目は、たとえその項目に変化が及んだとしても、そういう変化は軽視されがちになる。打ち消しの助動詞「ない」の実際の語形が［ナイ］であっても［ネエ］であっても、従来の多くの研究でその違いにあまり注目してこなかったのも、［ソウナ］と［ソウダ］を一緒にして記述してきたのも、そういう価値観の表れに他ならない。もし、本稿の2節で提示した「なかった」の成立にかかわる変化や、3節で提示した「そうだ」にかかわる変化における変異形の役割りの重要性が他の研究者に認められたとしても、それはおそらく、それらの変異形に起こった変化の影響が、言語体系の重要な構成要素の変化にも波及することになったという例を挙げたからであろう。そういう例を挙げられない限り、［ナイ］から［ネエ］という新しい形が生まれても、［ソウナ］の他に［ソウダ］という形が現れても、ただそれだけのことならばその変化は記述に値しないと見なされるに違いない。

［ナイ］と［ネエ］の違いや［ソウナ］と［ソウダ］の違いを重視せずに変化を語るのは、あくまで「言語体系」という仮構概念を前提としているからそうなるにすぎない。さらにいえば、「言語体系」という仮構概念を前提として日本語の歴史を論ずることは、そうすることが「唯一の正しい日本語の歴史」だとか「唯一の正しい○○方言の歴史」を明らかにするための最良のアプローチであるというわけでも決してない。なぜそんなことが断言できるのかというと、はじめから「唯一の正しい日本語（あるいは○○方言）の歴史」などというものは存在しないので、存在しないものには近づきようがないからである。

体系という大枠を維持しながら過去から現代に一貫する日本語とか、あるいは〜方言という言語体系が実在し、その実在物の変遷を客観的な立場から十分に記述できれば、それこそが「唯一の正しい日本語（あるいは〜方言）の歴史」であるという認識は無邪気で楽天的な思いこみに過ぎない。人間社会の歴史を扱う研究分野では、そんな単純で現実離れした歴史認識が成立し得ないことについて、長い時間をかけて議論が続けられている。[*7] しかし、日本語の歴史的研究においては、この点に関する内発的な問題提起は、あまり見られない。同じように「歴史」を論じていながら、言語の歴史の場合だけ、「歴史」の内容も、もしかしたら「歴史」研究の目的までもまったく違うことになっている可能性があることを「日本語史」の研究者を自認する者はもう少し自覚するべきだと思う。

4・3　歴史的研究としての近世語研究の可能性

近世語研究を言語の歴史的研究として位置づけるなら、まず言語を歴史的に研究することとはいかなることなのかという問題について考えてみなければならない。

話を単純化するために、江戸時代の江戸庶民の使用する言語というように時間、地域、使用者に限定を加えてみよう。そうしたとしても、その時代の、その地域における、そういう人々による言語使用の事実はほとんど無限といえるほど多様で、すべてを記述することなど全く不可能である。もし仮に、その時代にそこで起こった言語的事実を起こった瞬間にすべて漏らさず記述する能力を持つ記述者がいたとしても、その万能の記述者による記述の総体が「究極の江戸語の歴史」だということにもならない。過去の事実や出来事の総和と「歴史」とは全く別のものだからである。

言語の歴史を記述するということは、その時代にその言語社会で起こった大半の言語的事実を無視して、記述者の、言語についての主観的な捉え方からみて重要度が高いと判断される一握りの事実だけを選び取り、それらの事実を、記述者の言語観に合致するような形に結びつけて、意味のある「物語り」として提示することである。もちろん「物語り」といったからといって、歴史は全くのフィクションであるというのではない。「歴史」を構成する個々の事実の認定は可能な限り厳密に行わなければならないし、個々の事実の結びつけ方にしても、論理的に認められやすい結びつけ方と、そうとはいえない無理な結び付け方を区別することは、少なくとも文化を共有する一社会の内部では可能なはずである。だから、どんな歴史でもありだといっているわけではない。しかし、「唯一の正しい歴史」が先験的に存在しているわけではないので、言語に対する記述者の異なる捉え方を反映した、〜語とか〜方言についての、同じくらい妥当な、異なる観点から語られた歴史が併存し得ると考える方が自然なのである。

日本語学の分野の中でこれまで提示されてきた「江戸語の歴史」は、端的に言えば、国家語としての現代標準日本語の母体となる言語変種として語られた歴史である。そういう語り方をすることが見当違いだと非難するつもりは毛頭無いが、重要なことは、そういう観点からの語り方しかあり得ないと考える理由は何もないことを理解することである。どの事実を採用し、どの事実は切り捨てるかという選択の仕方を変えるだけでも、また、どの事実を重視し、どの事実を軽視するかという重点の置き方を少し変えるだけでも、これまでとは違った「江戸語の歴史」が現れてくるはずである。言語変化に関わる事実がたくさん分かっていればいるほど、選択の仕方や重点の置き方にもいろいろな可能性が生じてくることになる。極端な比較になるが、いわゆる上代日本語と近世江戸語とでは、分かっている事実の量から考えてどちらの方にいろいろな歴史を語り得る可能性が秘められてい

＊7　本稿の記述に際して特に参考としたものとしてカー（一九六二）、ダントー（一九八九）、野家（二〇〇五）などがある。

るかは誰の目にも明らかであろう。近世語の研究は、それ以前の時代の言語研究に比べれば、相対的に多様な発話者や発話場面を反映した資料に恵まれているので、いろいろな観点からの歴史的研究も可能な分野だということができる。そして、そこで有意義な歴史的研究の成果が蓄積できれば、他の時代の言語を扱う研究に対しても、有益な示唆とか刺激を与えることができるのではないかと考えられる。

参考文献

青木博史（二〇〇七）「近代語における述部の構造変化と文法化」『日本語の構造変化と文法化』青木博史編　ひつじ研究叢書言語編　ひつじ書房
岡部嘉幸（二〇〇〇）「江戸語における終止形承接のソウダについて」『国語と国文学』77-9
仙波光明（一九七六）「終止連体形接続の『げな』と『さうな』」佐伯梅友博士喜寿記念国語学論集　表現社
金澤裕之（二〇〇八）『留学生の日本語は、未来の日本語』ひつじ書房
E・H・カー（一九六二）『歴史とは何か』清水幾太郎訳　岩波新書
亀井孝他（一九六五）『日本語の歴史6　新しい国語への歩み』平凡社
A・C・ダントー（一九八九）『物語としての歴史』河本英夫訳　国文社
中沢紀子（二〇〇六）「江戸語にみられる否定助動詞ヌとネエの対立」『日本語の研究』2-2
中沢紀子（二〇〇八）「『春色梅児誉美』における否定助動詞の研究」『日本語と日本文学』47　筑波大学日本語日本文学会
中村通夫（一九四八）『東京語の性格』川田書房
松村　明（一九九八）『増補　江戸語東京語の研究』東京堂出版
野家啓一（二〇〇五）『物語の哲学』岩波現代文庫

節用集と近世社会

佐藤貴裕

【要旨】これまでの近世節用集研究では、近世特有の社会・出版・言語生活にとって「節用集とは何者であるか」と問いつづける意識が薄かったように思われる。あるいは、そうした問題意識自体、教育史・文明史・出版史などに特有のものとする立場もありえようし、事実、そうした分野からの言及も見られはする。しかし、学としての対象範囲に言語生活があり、節用集諸本に関する情報を蓄積してきた学問分野をふりかえれば、やはり、時代・社会への位置づけは国語学・日本語学の場において論じられるのが至当と思われる。

そこで本稿では、基本的な確認事項の整理とともに、今後の研究に益するような事項を「近世節用集研究のパースペクティブ」「節用集の展開と近世社会」「手法の模索」「使用例の検討」「隣接分野との連携など」の各節により述べることとし、節用集自体の検討方針に言及した佐藤（一九九六）と対になるものとしたい。

【プロフィール】
さとう・たかひろ
徳川幕府は、支配の効率を重視して「文字による支配」を敷きました。円満な生活を送るには、庶民であっても文字の読み書きが欠かせない時代の到来です。このため、イロハ・意義分類で漢字を引く「節用集」の需要も高まりました。本屋さんにとって「節用集」は、売れ行きの見込める、工夫のしがいのある商品ともなったのです。こうした社会・使用者・出版者などの要請・要望・思惑を総合して、時代のなかに「節用集」を浮かび上がらせられないかと考えています。

1　近世節用集研究のパースペクティブ

安田章（一九八三）は、次の一節を引くなどして、辞書（史）研究の目的と着眼点について注意を喚起した。

> 辞書を（中略）全生活との関連において、更に、言語生活の体系との関連において、一言にして云ふならば、言語生活の実態に即して辞書を定位することが、辞書研究の第一義的な問題にならなければならない。
>
> （時枝誠記 一九五五）

通常、言語資料として用いる作品・記録類は、言語を手段とする活動の結果としてもたらされる。これに対して辞書に書かれた情報は、漢字の読みであれ語義であれ、そのまま言語生活に資することを前提とする。したがって、言語生活（史）研究を擁する国語学・日本語学において辞書（史）学が構想されてよく、そこで行なわれる検討は、言語生活や社会のさまざまな側面との関係を明らかにするものとなろう。

この点、安田章は中世辞書の存在意義について、貴顕の言語生活の一部としての韻事に資することに求めた。辞書の丹念な読み解きに加え、日記・書簡類の博捜により、貴顕の社会や人間関係・教養事情、果ては座の文学における参集者の緊張感まで拾いあげて再構成されたのである。辞書を言語生活のなかに定位するための道具立てを示すことにもなっており、大いに参照すべきものとなっている。

近世節用集ではどうであろうか。易林本の本文を引く以上、韻事のための書という性格は引き継いでいよう。しかし、徳川政権が支配の手法として「文字による支配」を敷き、文字社会の慣行として「文証主義」が浸透するにおよんで、韻事に遊ぶ以前に、生きるために読み書きを必要とする人々が飛躍的に増えた。そのような層のための工夫を、営利出版業が節用集にほどこすことは十分に考えられる。とすれば、近世節用集を当時の社会・言語生活のなかに定位するには、支配のありようや人々の生活、文字の役割、出版業のありようといった近世独自の要素に配慮しつつ、諸側面をすくいあげる網を準備することが必要になる。思いつくままに記せば、最低限、次のような諸点への目配りが必要になろう。

A近世節用集の記述的研究

(1)諸本の同定　本文系統・検索法・レイアウト・収載語などからすべての諸本を同定する。

(2)諸本の位置　典型的な節用集とそれから逸脱する節用集とを軸に、諸本を座標にプロットする。

(3)展開の解析　節用集相互間の消長を「対立」と「棲み分け」を軸とする動態として記述する。

B関係者への注目

(1)編者像　編者像は近世を通じて不変かどうか。節用集の類型と編者像の関係を明らかにする。

(2)出版者像　どのような人物が、どのような節用集をどのように出版したかを明らかにする。

(3)使用者像　階層・教養・年齢・教養・住所（町・村）などの属性や使用場面・目的を明らかにする。

C社会との接点

(1)支配関係　「文字による支配」「文証主義」の時代のなか、節用集はどのような位置をとったか。

(2)出版界　商品としての節用集観を明らかにする。版権の主張と辞書史的発展の阻害を明らかにする。

(3)諸事象　政治・経済・社会・法律・常識・思想・宗教などとどのような関係があったか。

このほか、出版関係や使用の具体例といった実例を多く検討することによって、予想の範囲を超える注目点が発見される可能性は十分にあるものと考えている。

2　節用集の展開と近世社会

研究の基礎として、近世節用集の展開のあらましを確認しておこう。次のように四分すると捉えやすい。

第一期　典型形成期（〜一六九〇年頃）古本から脱化し、近世節用集らしい典型を形成する。

第二期　教養書化期（〜一七五〇年頃）言語関係以外の付録を充実させ、さまざまな異本が生まれる。

第三期　検索法新案期（〜一八〇〇年頃）早引節用集の登場により、検索法の新案が盛んになる。

第四期　二極化期　早引節用集の隆盛に対し、従来型の諸本に増補傾向が起こる。

近世節用集の展開は他律的な要因にも左右されている。営利出版に付される以上、社会的な存在でないわけにはいかないからだが、これまで朧げにとらえがちだった社会との関係を明らかにする必要があることになろう。そこで、以下では出版事情・社会事象との関係を中心に見ていくこととする。

【第一期】近世的な典型を獲得する時期であり、美濃判縦本、真草二行表示（楷書・行草書併示）、平仮名付訓、両点（楷書表示への付訓）、頭書（本文上欄記事）、イロハ・意義一覧の巻頭配置、句点による語間境界表示などの特徴が定着していく過程である。[*1]

近世初期の出版は寺院やその関係者がになうことが多いが、節用集でも同様であり、出版事情の常態を反映する点では社会性が認められることになる。たとえば、易林本の校訂者・易林が真宗と深く関わり（森末義彰一九四〇）、開版者の平井休与はその刊記に「洛陽七條寺内」と西本願寺の住所を記している。寿閑本（慶長一五年刊）の刊記には「桑門寿閑」とあるのでやはり僧であり、[*2]『二体節用集』（寛永三年版）の刊記に見える「嘉久」も新興宗教・涅槃宗の開祖・空源の高弟・空禅である。[*3]源太郎版の開版者が『草人木』（寛永三年刊）の刊記の「源太郎」と同一人なら、その住所は「三條寺町誓願寺前」となり、やはり寺院と何らかの関係があるものと思われる。

判型でも当時の慣行に沿うことが認められる。源太郎版（元和五年刊）は、草書本から難語などを整理したもので（柏原司郎一九七三）、略本といってよい規模という（高梨信博一九九二）。実用向きな改編がなされたわけだが、判型を横本としたのも、当時の実用書の多くが横本を採るからであろう（和田恭幸二〇〇二）。源太郎版から派生した『二体節用集』も横本を踏襲したが、行草書のほか楷書表示を添えるのも実用を重んじてのことであろうから、源太郎版の意図を補強するかのような改編となった。

寛文・延宝期には、収載語を大幅に増補したものが現われる（上田・橋本）。なぜこの時期に現われるのか判然としないが、確立・公認以前のプリミティブな段階ながら、版権を意識して特徴的な節用集の編纂・開版をおこなったのかもしれない。ならば、版権を介して社会とかかわる早期の例となるが、後考を俟ちたい。

【第二期】教養記事や挿絵が付録されていく時期だが、[*4] 亀田文庫本を調査した石山秀和（一九九八）によれば、貞

＊1　佐藤（二〇一一）参照。なお、第二期の特徴である口絵・教養記事付録の先蹤も認められる。『真草二行節用集』（寛永一五年版）に口絵が一点あり、『真草増補節用集』（延宝三年刊）に諸国名物の一覧が載る。

＊2　駿河版『大蔵一覧集』に校合役として参加したものという（川瀬一馬一九四三）。これは以心崇伝の関わる事業なので、寿閑も南禅寺金地院か臨済宗にかかわる者であろうか。

＊3　『二体節用集』寛永三年版の「嘉久」には肩書きがなく、寛永後半以降の版本類に見える「嘉休」には「員外沙弥」などと添えられるので、同一人とするのに不安があった（佐藤二〇一〇）。唯一、『即身成仏義』寛永六年版刊記に「員外沙弥」と「嘉久」が併記される例が奥野彦六『江戸時代の古版本』に著録されるが、この書はまま誤りがあるので、信ずるに躊躇された。幸い、国文学研究資料館の日本古典資料調査データベースにより船橋市立西図書館蔵『即身成仏義』『般若心経秘鍵』寛永六年版を知り、ともに「員外沙弥嘉久」とあることを実見した。よって嘉久（単称）は、員外沙弥嘉休と同一人であり、さらに富士屋嘉休すなわち住友財閥の家祖・住友政友（一五八五～一六五二）であることになる。「空禅」は、その、涅槃宗での法号である。政友については向井芳彦（一九五一～五）を参照。

享年間の付録に禁中図・公家鑑・服忌令などが現われだし、元禄年間には日本図をはじめ多様な教養記事などが加えられつつ、旧態の付録が廃されていくという。[*5] 形態上は、辞書本文をかこむように巻頭・本文上欄・巻末に付録が配されて、典型的な近世節用集の外形が備わることになる。

ただ、鍛治宏介（二〇一〇）によれば、挿絵や教養記事が付録されることは同時期の往来物・教訓書・『伊勢物語』『百人一首』などにも見られるという。多分野の書籍にわたることから相応の背景が考えられそうだが、おそらく元禄期に幕府が発した重版・類版の禁止令が関わるのであろう。[*6] 書籍の無断複製や意匠盗用が公的犯罪となるのだから、新たに開版するには先行書との差別化が必須条件となる。その、容易で効果的な手段として教養記事の付録があったのだろう。鍛治（二〇一〇）は、付録内容が多岐にわたる一方、分野を超えて「往来物や節用集、重宝記などで共通するものも多く」「ほぼ同じ世界観を共有している」と指摘する。それぞれの書籍の志向する教養の程度・質などが相近いからでもあろうが、付録による差別化が安易にできることも関係しよう。

このように版権制度が整備されたことにより書籍のバリエーションが増えるという構造的な多様化傾向がこの時期に生じたことになるが、節用集も、そうした出版界の動向から逃れられない存在だったことになる。

【第三期】 構造的多様化は続いており、その産物として、早引節用集や早引節用集の採用する語頭イロハ・仮名数検索も位置づけられる。ただ、節用集の展開を論じる上からは、早引節用集の影響力を重視して、その登場をもって第三期のはじまりとする。

この時期での構造的多様化は、辞書としての実質的な部分で進行した。たとえば、早引節用集やその影響下にある諸本は、まず検索法で種々のものが登場したが、さらに携行性に配慮して小型判となり、付録・挿絵なども原則として廃するのである。書名も「早引節用集」「急用間合即座引」など、あられもないほど簡明で直截なものが現れた。

こうした変化の発端は早引節用集にあるが、天明・寛政期の黄表紙・洒落本などにも早々に採りあげられるなどし、流行のさまをうかがわせる（佐藤一九九〇b）。辞書本来の価値を先鋭化したことが「文字による支配」下にあった庶民層に歓迎されたのであろう。書肆たちも敏感に反応して重版があいつぎ、江戸の鱗形屋などは二度の重版により家財没収に処せられるほど傾倒した。いきおい、早引節用集の版元も対処に奔走したが、ときに版権を過剰に主張して有用性の高い検索法を排除することもあった（佐藤一九九〇a）。版権が、辞書の発展を阻害することにも働くことになるが、こうした点でも出版界・社会が意識されよう。

【第四期】早引節用集の隆盛が確実になるが、再版数だけからは十全な把握はできない。一度の再版でどれほど刷られたかが問題であるし、版木の磨滅を考えれば同一刊記のものでも別版がありうることになるが、そこまでの把握はできていない。ただ、天保の改革で本屋仲間が解散させられると版権管理が機能しなくなるので、早引

＊4　いま、その多様な例の一々を紹介する紙幅はないが、単に付録のありようだけではなく、たとえば書名にまで変化が現れるような、多岐にわたる変化があった。元禄以前の書名では、書体・レイアウト・増補などを表す具体的な要素のみで構成されているが、元禄以降では、たとえば「宝」字のように、辞書・文字とは必ずしも直結しない漠然とした修飾要素が用いられるのである。おそらく、「宝」は、日用教養付録を収載することを意味するのではあろうが。
＊5　ただ、貞享から元禄ごろの現存書をみると、収載された付録が、初版本と再版本とで一致しない場合もあるようであり、造本・製本の自由度が高かったという別種の事情も考えられることになる。したがって、亀田本のみの調査ではやや不安な部分もあるが、遷移のありようとして自然なものが引き出されている。
＊6　ついで享保期には、公序良俗を害する書籍を流通させぬよう本屋仲間に監視させたが、同時に版権管理を組織的に行なうことを黙認した。このような法整備・組織整備により近世的版権制度が確立することになる。なお、この本屋仲間の公認が享保の改革の一環であれば、それが出版界・節用集に影響を及ぼした例になろう。

節用集の重版の横行からその隆盛を垣間見ることができる（佐藤一九九〇b）。このこともまた、社会・制度と節用集とのつながりの見える例となっていよう。

一方、早引節用集を超えられなかった書肆は、従来型のイロハ・意義検索の節用集を開版するほか、新たに二つの流れをつくった。一つは、早引節用集の外形を襲うことである。本文はイロハ・意義検索ながら、早引節用集と同じ美濃判半切横本の体裁を採るのである。原則として挿絵や付録を載せることが少ないが、早引節用集の簡潔さを襲おうとしたのであろう。いま一つは、収載語・付録ともに大幅に増補することである。『都会節用百家通』（寛政一三年刊ほか）以下のものがあるが、早引節用集とはまったく異なる存在価値を与えることになった。このため、所蔵者が精神的な威圧や宗教的苦痛を感じるものともなった（横山俊夫一九九〇。後掲）。節用集から社会・個人への影響ということになるが、遠因となった早引節用集の影響力をしのばせる例でもあり、節用集の展開を動態としてみることの重要性・有効性を教えてくれる。

語の増補傾向は、かえって早引節用集にも及ぶのだが、単に手軽な辞書としてではなく、大型書の位置をも脅かすほどに早引節用集の位置づけが高まったことを示すものである。『古言梯』諸本や『和訓栞』が仮名数検索を採用するのも、同様に考えられよう。第四期においても早引節用集の影響は、強力かつ多方面にわたることが確認されるが、その勢いをもって明治中頃には最盛期をむかえることになる。

3　手法の模索

より的確に、またきめ細やかに近世社会や言語生活のなかに位置づけようとするとき、どのような方法がありうるか、触れておこう。

まず、文学研究で話題となった読者論的な立場からの言及を参考にしよう。

ただ販売の成績によって、僅かに読者の存在を確かめ、読者の数を知り得るに止まる。まして、そうした読者の集積を意味する読者層にいたっては、分散的、非組織的な集団であって、それが潜在的に存在することは想像することが出来ても、その実態を具体的に明らかにすることは甚だ困難である。（略）はるかに時代を遡った江戸時代の、しかも広汎な読者を持っていたと想像せられる浮世草子の読者層を、今日において調査することは、実は不可能であるといってよい。（野間光辰 一九五八）

たしかに容易ではないが、不特定多数である点は特定少数・個人の事例の集積で代替を試み、過去の存在である点も特定少数・個人に注目すれば詳細な情報が得られる見込みもある。たとえば、節用集の例ではないが、鍛治（二〇一〇）は、望月文庫本の『庭訓往来』（元文三年刊）から次のような情報を引き出している。

注目すべきは、この『庭訓往来』には、「朝拝」の絵抄の上欄余白に、束帯姿の公家の書き込みがみられることである。他丁になされた書き込みより、この本の旧蔵者は、「武蔵国葛飾郡西大輪村」の「渡辺邦蔵」という人物とわかる。江戸後期に隆盛した剣術流派、神道無念流の師範で、西大輪村に道場を開いていた渡辺邦蔵（文化四年（一八〇七）生、安政元年（一八五四）没）であろう。邦蔵は、この本の所々に、本文中の語句を書き写しており、自学自習のテキストとしてこの往来物を熱心に読み込んでいたことがうかがえる。入手時期や使用時期は不明であるが、書き込まれている名前が幼名ではないことから、邦蔵は、元服後の自学自習のなかで、儀礼を行う公家像を受容していたといえる。

邦蔵の人物像は、山本邦夫『埼玉県剣客列伝』（遊戯社、一九八一）に依るとのことだが、インターネット上を検索すれば、生没年・住所・流派・皆伝時年齢を掲載したサイトにたどりつける。鍛治自身、この『庭訓往来』を、東京学芸大学のホームページから閲覧してもいる。地方史研究の進展とＩＴ化による情報発信の多様化により、近世書籍の所持者やその言語生活に関する情報に接しやすくなっているのである。

横山俊夫（一九八三）は近世節用集の付録記事に注目し、文明史学のための資料とした。アプローチもユニークで、小口底面の手垢による筋状の汚れに注目し、現存書から直接に旧蔵者の情報を得ようとしている。

条痕が濃くついている丁に盛られた知識とは、その節用集の使用者が、ややもすれば曖昧になり、崩れてしまいがちなその分野の自分の礼法をしばしば保とうと努めた、いわば当人の文明化の周縁部分を構成する知識であったと考えられるのである。（略）大げさに言えば、彼らの無意識のうちの日本文明維持の努力の類型が表われていると見てよいのである。（横山　一九九〇）

また、聞き取り調査も併用する。所蔵者の高齢化などの限界はあるが、やはり直接的な手法である。

節用集に従わぬことは、タブーを犯したばあいに覚悟しなくてはならないような宗教的苦痛を、時として感じさせたと見てよい。（略）大冊本節用集がそれぞれの所蔵家でしばしば「門外不出」や「他家貸出無用」の扱いを受け（京都府下での聞き取り）、さらには、墓石と並ぶほど重要なものと考えられたばあいがあること（福島県下での聞き取り）からも、推定されるところである。（同）

以上のように、節用集と言語生活・社会との関係にせまるには、様々な可能性があることになる。もちろん、それぞれに限界はあろうが[*7]、だからといって排除するのは贅沢である。可能性のあるものは積極的に試みて、貴重な例を一つでも多く拾うことが求められる段階だからである。

4　使用例の検討

さまざまな記録から得られた使用例により、使用の実際の種々相を見てみよう。そうすることで、この種の検討の可能性も示せればと思う。

【一】寛政六年、奥州名取郡の廻米船・大乗丸は銚子沖で遭難、安南（ベトナム）に漂着した。帰国した船員に取材した漂流記には、客死した船頭・清蔵の愛着ぶりと安南での活用のさまが記されている。

右舟頭去年国に有し時、新敷節用二冊（一冊は和漢節用無双袋、一冊は大々節用の万字海）買求め、いつも廻船に入、昼夜詠めありしが（略）此本の有候故に、始西山小村へ漂ひ着せし時も、真字（＝漢字）を書事しれざる時は、かしら字のいろはにて引出し、草字を以て真字を書みせ候故に、二冊の本にてことを便じ候こと、広大の一助となり、書の難有ことを申しあへり。王城の旅宿にても、国詞しれざる内は、いつも両人づゝかゝり、二冊の本にて文字を見出し認め候せつなどは、官人・通辞までも珍敷存じ、本をかしくれ候様申、くりかへし〳〵詠め悦びけり。其内にも和漢節用の奥にある男女相性の図にて、我国の女の風俗をみて、甚だ笑ひを催せり。又は口にある所の武者の百将伝などにては、大きに我折、或は文字一つを二様に用ひ、音声《おんとこえ》の替ることを皆感心せり。

（『南瓢記』。加藤貴『漂流奇談集成』国書刊行会）

書名まで知られるのはありがたく、具体的な検討の端緒となる。後半では、両点表示により字音・字訓がともに知られることや、付録の内容まで言及するなど、充実した使用例となっている。

【二】柴田（新発田）収蔵（一八二〇〜五九）は、佐渡宿根木村生れの知識人で、蕃書調所絵図調出役に抜擢される

＊7　たとえば横山の手垢汚れを手掛かりとするものでは原本の製本状態が問題になる。小口を形成する丁に段差が生じていれば、手垢の付き具合は使用者の知的関心事と同期しないことが考えられる。

人物である。彼の日記には、海辺の村での節用集のありようが生き生きと描かれている。

勘二郎より前年貸置たる早引節用集返却有之（弘化三年一一月三日。田中圭一『柴田収蔵日記』東洋文庫）

甚四郎様、長半節用の表紙を付而同人様方へ持参（天保一四年七月一五日）

合類節用、田中屋行の分予に届の儀相頼み遣す。則おいちへ相頼田中屋へ遣す（同閏九月七日）

勝蔵来る。同人より都会節用を借る。（略）伝二等と飲む。夜都会節用抄書す（嘉永元年一〇月一日）

同輩か目下のもののなかには節用集を所持せず、借用するものもいたようである。目上の甚四郎は『長半仮名引節用集』を所持しており、表紙が破損するほどに頻用したらしい。本書は、早引節用集の変種だが、語ごとに所属する意味分野を注記したり、圏点の有無で音訓の別をしめすなど丁寧な作りのものである。「甚四郎様」と遇する人物にふさわしい節用集でもあろう。『都会節用百家通』は一九世紀の大型本なので高価だったはずだが、これを所持する勝蔵は相応に経済力のある人であったか。また、収蔵が抜き書きするのも興味がもたれる。

【三】野田成亮は、廻国修行の途次、山城国天田郡榎原村（福知山市）に一宿した。

今晩は一宿せよと主し云ふに付宿す。易蔵と云ふ宅。此仁廿歳余りの男なり。書物すきと家内の者共云ふ。又自身にも好物と噺しあり。然らば夜話しに物語り可申とて、勤行等相仕舞の上、書物段々取出すを見れば庭訓往来・節用集・手習の往来等也。外に安（案カ）文の書あり。此人を和文学と思ひ、文を好むの文を書き、末に一句して出したる所、何の挨拶もなく、外に両人朋友も見得しが、此人達も何の沙汰もなく一見して置かれたり。

（野田成亮『日本九峰修行日記』。『日本庶民生活史料集成』二、三一書房）

易蔵は、宿の提供を申し出るくらいだから本百姓以上でもあろうし、所持する書籍からも実用的な読み書きはこなせたかと思われるが、俳諧まではたしなんでいなかったようである。教養程度まで知られる例である。

【四】上野国勢多郡原之郷村（前橋市）の船津伝次平（四代）は、明治の老農として全国的に活躍する人物である。三代から続く購書覚えによれば、安政四年に四代をついだあたりから傾向が変わったことが知られる。

	俳諧	和歌	辞書	漢学	書道	往来	経世	科学	ほか	合計
天保	一三	四	六	三	三				二	三一
弘化～嘉永	六	二	六	一	二	一				一八
安政～元治	四	一	一〇	二〇	五	三	六	三	六	五八

＊高橋敏『近世村落生活文化史序説』未来社（一九九〇）より集計

天保期の辞書の内訳は、高橋の分類によると「大全正字通・合類節用・古言梯・字音仮名略《ママ》・名乗字引・歳時記」で、和文学好みの三代らしい辞書が選ばれている。「大全正字通」（大成正字通）は漢文脈で現れそうな漢語も載せ、平仄も示す特殊なものであり、「合類節用集」（和漢音釈書言字考節用集）は漢文注を持つ高度な内容のものである。一九世紀には俳句をたしなむ庄屋・豪農は珍しくないが（中野他一九八一）、和歌までたしなむのはもう一段上の教養が必要であろうから、それに見合った節用集を購入していたと見られる。

【五】成長過程のいつごろから節用集に接するのかも関心がもたれる。西依成斎（一七〇二～九七。小浜藩儒、京都望楠軒講主）には、節用集を食べた逸話があるが、十代前半ごろのことであろうか。

成斎は野良仕事を助けようとはしないで、日がな一日青表紙に齧りついてゐた。（略）親爺は、とうと成斎を家から投り出すことに決めた。成斎は泣く泣く家を出たが、それでも出がけに節用集一巻を懐中に捻ぢ込む事だけは忘れなかつた。（略）成斎はその節用集を抱へ込んで、狗児のやうに鎮守の社殿の下に潜り込んだ。そして節用集を読み覚えると、その覚えた個所だけは紙を引拗つて食べた。（略）で、十日も経たぬ間に、とうと大部な節用集一冊を食べてしまつたといふ事だ。

（薄田泣菫『完本茶話』冨山房百科文庫）

貝原益軒（一六三〇～一七一四）は一〇歳で節用集で和訓を知ったという（益軒先生年譜）。学者では早期に出会い、大人と同様の使い方をしたことになるが、他の位相ではどうであったか気になるところである。

架蔵の『真草二行節用集』（寛永一六年版）の巻末には「元禄五年壬申四月求ル　十四歳　又鶴」との達者な書き込みがある。一四歳で雅号をもつのだから教育熱心で裕福な家庭なのであろうが、そうした条件がそろえば早期から節用集に接しえたのであろう。なお、江村北海『授業編』（天明三年刊）には、小児のころより「画のある書」をあてがうことで書籍になじませる例があるが、その例に「絵入ノ節用集」も掲げられている。

【六】明治期以降のものでも、近世節用集と言語生活の関係を検討するのに参考となる例がある。

良平の家にも字引はあつた。「いろは引き」と「カク引き」と二つある。（略）水引のかけ方、やいとのすえ方、手紙の書き方まで書いてある。（略）おじさんは使うが良平は使つたことはない。（略）中学校の入学願書さえおじさんは自分では書かなかつた。そんなことをてんで気にしない。それに比べて、何もかもわきで気をつけていて、「カナザワのジリン」なんかというものを子供に買つてやるといつた家庭が福井の町にはあるのだな

（中野重治『梨の花』一二。藤田保幸氏より教示）

近世節用集の終焉期に近いころの描写だが、教育に熱心な家庭では近代的な国語辞書が子どもにも与えられたという。先の又鶴の例にも通じるようで注目に値する。

【七】前掲横山（一九九〇）の聞き取りでは、家宝のように扱われた節用集の例が知られたが、物理的な道具に成りさがるほど卑近なものとして扱われることもある。対極的な実例が知られるのは興味深い。

小児宵にうたゝ寝などして目覚てねぼけ、色々たは事を云て座敷などを駈まはる事あり。大人にも間々有て、両親

は是をかなしみ、（略）是を直すに妙々の薬あり。草双紙か節用か百人一首の類の大巻の書をひろげ、ねぼけたる横つらを力一ぱいに打ば大に驚き、はつきりと成。心柱急度たつ故、本心に成なり。二三度にて平愈す

（中田主税『雑交苦口記』明和六年成？『未刊随筆百種』八）

現存書には、遺失の際の備えとして所蔵者の住所・氏名が書かれたものがある。架蔵の『大極節用国家鼎宝三行綱目』には「此節用トントヲトセバヒトノモノ返シテクレヨ心アル人」との狂歌まで添えられる。必要視されてのことだろうが、これらさまざまな節用集観・距離感のあることを把握するのも重要な課題である。

【八】多様な人々と多様な節用集とがどう対応するかの検討は、近世節用集を言語生活中に位置づける端緒となろう。右に見てきたものをまとめれば、次のような対応表になる。

	創造的言語生活レベル	実用的言語生活レベル	無文字レベル
海民	柴田収蔵	清蔵	（安南国人）
農民	船津伝次郎	易蔵	（子ども）
都市民		大家（所持）・店子（使用）	
節用集	書言字考節用集	通常の節用集（挿絵入り）／早引節用集	

ただ、単に創造的言語生活レベルといっても、主にたしなむのが和歌か俳句かで教養レベルは異なろうし、俳句か雑俳かでも異なろう。節用集の方も、性格付けをより細かく把握する必要があろうかと思う。使用例の集積がまず必要だが、それを通して、右のような対応表をより的確なものに仕上げることも当面の目標となろう。

5 隣接分野との連携など

近世節用集を言語生活のなかに位置づけるとすれば、やはり隣接諸学との連携が必要になってくる。まず、書籍の全体像を知るうえで、近世文学や出版史研究の成果を心得る必要がある。ことに版本書誌学を提唱する向きもあり、近世文学・出版史研究のために有用な成果を集積しつつある。また、近世史研究の動向にも注目したい。思想・精神面を形成した有力な源として書籍に注目しはじめたからである。

> 今、日本史研究では、書物に着目して書物を史料として時代・社会を把握しようとする研究が一つの潮流となっている。（略）書物の内容・思想分析を行い、思想性・政治性を明らかにするような研究を行う必要がある。そのレベルまで研究を引き上げることができてはじめて、書物が思想形成・主体形成にどのような意義を持ったのかを解明することができる　（若尾政希 二〇〇七）

この方面での蓄積が急速に進んでおり、ことに書籍をめぐる社会的意義や、場合によっては言語生活的な側面についても、国語学・日本語学の方が教え乞う部分が少なくない。

ところで、言語生活（史）研究が遅れているとは、よく指摘されるところである。これまでの言語の学は、隣接諸学からの自立のため、純言語的対象が最優先に研究されてきたようである。そうした傾向があるため、社会的な側面から人間・言語を把握する必要のある言語生活研究が取り残されがちなのであろう。今後は、言語の学の厚みを確保するためにも言語生活（史）研究の振興が必要になってこよう。すでに社会言語学がカバーしている部分もあるが、学界としてより一層、言語生活（史）研究の成果を受け入れ、的確に評価し、称揚すべきは称揚できるような体勢作りも望まれるところである。

参考文献

石山秀和（一九九八）「節用集の出版と普及過程」『立正大学大学院年報』15
上田万年・橋本進吉（一九一六）『古本節用集の研究』東京帝国大学（勉誠社復刻　一九六八）
柏原司郎（一九七三）「近世初期『節用集（横本）』の改版例（上）」『野州国文学』21・22
鍛治宏介（二〇一〇）「江戸時代教養文化のなかの天皇・公家像」『日本史研究』571
川瀬一馬（一九四三）『日本書誌学之研究』講談社（増訂版、一九八六）
佐藤貴裕（一九九〇ａ）「近世節用集における引様の多様化について」『国語学』160
佐藤貴裕（一九九〇ｂ）「早引節用集の流布について」『国語語彙史の研究』11
佐藤貴裕（一九九四）「早引節用集の位置づけをめぐる諸問題」『岐阜大学国語国文学』22
佐藤貴裕（一九九六）「近世節用集の記述研究への視点」『国語語彙史の研究』15
佐藤貴裕（二〇〇二ａ）「子どもと節用集」『国語語彙史の研究』22、和泉書院
佐藤貴裕（二〇〇二ｂ）「近世節用集の価格」『近代語研究』11
佐藤貴裕（二〇〇三）「村の節用集――農村の文字生活との連関試論――」『岐阜大学国語国文学』30
佐藤貴裕（二〇〇五）「海民と節用集」『歴史評論』664
佐藤貴裕（二〇〇九）「近世節用集刊行年表稿」『書物・出版と社会変容』6
佐藤貴裕（二〇一〇）「横本『二体節用集』の研究課題」『国語語彙史の研究』29
佐藤貴裕（二〇一一）「近世節用集の典型形成期」『国語語彙史の研究』30
高梨信博（一九九二）「近世前期の節用集」『辻村敏樹教授古稀記念　日本語史の諸問題』明治書院
時枝誠記（一九五五）『国語学原論　続編』岩波書店
中野三敏・宗政五十緒・尾形仂（一九八一）「〈座談会〉近世の出版」『文学』49-10

野間光辰（一九五八）「浮世草子の読者層」『文学』26-5
向井芳彦（一九五一～五）『泉屋叢考』一～六（奥付がないため年次は序などの年記により示した）
森末義彰（一九四〇）「易林本節用集改訂者易林に就いて」『国語と国文学』13-9
安田　章（一九八三）『中世辞書論考』清文堂
横山俊夫（一九八四）「日本人必携の辞書であった節用集から現代へのメッセージ」『中央公論』99-2
横山俊夫（一九九〇）「日用百科型節用集の使用様態の計量化分析法について」『人文学報』66
若尾政希（二〇〇七）「歴史と主体形成」『書物・出版と社会変容』2
和田恭幸（二〇〇一）「近世初期刊本小考」。富士昭雄編『江戸文学と出版メディア』笠間書院

付記

本稿は、科学研究費補助金・基盤研究（C）「近世辞書の学際的・社会史的研究のための調査と基礎情報の収集」（佐藤貴裕）、基盤研究（A）「「書物・出版と社会変容」研究の総合化に向けて」（若尾政希）の研究成果を含むものである。

「近世通行仮名表記」

――「濫《みだ》れた表記」の冤《えん》を雪《すす》ぐ

【要旨】近世の戯作などの仮名表記は、かなづかいの規範と合致しないだけでなく、同じページで同じ語が別の表記であらわれたりするため、従来、無秩序であるとか、乱れているとか否定的に評価されることが多かった。しかし、これはわれわれが、かなづかいのような「一つの語形には一つの表記しかあってはならない」というありかたを当然のものとする色眼鏡を通して見ているからにすぎない。近世通行の仮名表記は、「ヨミが一つに定まりさえすれば、一つの語形に表記がいくつあってもかまわない」という原則のもと正確にヨミを伝えていた立派な表音表記なのである。

屋名池　誠

【プロフィール】

やないけ・まこと

漢字・ひらがな・カタカナと三種類もの文字を混用したり、縦書きも横書きもできたりというのは、われわれにとっては何でもないことですが、外国の人から見れば驚くべきことです。こうした現代日本語表記の特色は、江戸時代に胚胎した、比較的新しいものですが、一方、現代まで伝わらなかった時代時代の特異性もあります。世界にも稀なこうした日本語の文字・表記のありかたを探ることは、人類の言語における文字・表記の特質という大きな問題を考える際にも重要な手がかりとなるのです。

1 「同じ語形の異なる表記」を許す表記法

こゝに」百万両」ぶげんと」よは」れたる」あだ」きや」の」ひとり」むすこ」をゑん」二郎とて」としも」つゞやはた」ちといふころ」なりしかひん」の**やまひ**はくに」ならすほかの」**やまい**のなかれ」かしといふみなれ」ともしやうとく」**うはきな**ことを」このみしんない」ぶしの正ほん」なぞをみてたま」きや伊太八うき」よ猪の介が身のうへを」うらやましくおもひ」一生のおもひでにこの」やうな**うわきな**うきな」のたつしうちもあらば」ゆく〳〵はいのちもすてやうとばからしき事を心がけいのちかけのおもひ付をしける（二一）

これは山東京伝作の黄表紙『江戸生艶気樺焼』（一七八五（天明五）年刊）冒頭一ページ分の本文である（「」は原本での改行位置。（　）内は依拠テキストでの図版番号）。

太字で示したように、ここでは、同じ語形が同じページに「やまひ／やまい」「うはきな／うわきな」という異なる仮名表記であらわれている。それどころか、「やまひ／やまい」はお互いわずか二行、「うはき／うわき」でも八行しか離れていない。このように、同一ページに同じ語形が異なる表記で現れる例は本書では他にも「かかへる／かかゑる」（九）があり、ページは異なるが同じ見開きにあらわれた例としては「ちやうちん／てうちん」（一三）がある。このような誰の目にも付く近接位置での出現に限らなければ、同語形の異表記例はさらに多くが見つかる*1（以下の例数は上掲の近接位置出現の例も含む。以後の挙例の場合も同様）。

い（る）（一例）／**ゐ**（る）（一例）　う**わ**き（一二例）／う**は**き（三例）
おも**ひ**（七例）／おも**い**（一例）　おも**う**（一例）／おも**ふ**（一例）
かか**へ**る（一例）／かか**ゑ**る（一例）　か**へ**（る）（三例）／か**ゑ**（る）（一例）
こふ［副詞］（二例）／**かう**（一例）／**こう**（一例）　**じ**き（一例）／**ぢ**き（一例）

ちやうちん（二例）／てうちん（一例）　てやい（一例）／てやひ（一例）
どう（一例）／どふ（一例）　ねがい［動詞］（一例）／ねがひ（一例）
ひきず（る）（一例）／ひきづ（る）（一例）　ふしやうち（二例）／ふせうち（一例）
もふ（二例）／まう（一例）／もう（一例）　やとい（二例）／やとゐ（一例）
やまい（二例）／やまひ（一例）　（〜の）やふ（三例）／やう（二例）
わるい［姓］（二例）／わるゐ（二例）

〜ふ（〜ござりま（す））（二例）／う（一例）

〜そう（だ）［よう］（一例）／そふ（だ）（一例）　〜そう（だ）［様態］（一例）／そふ（だ）（一例）
〜やう［意志］（一例）／よふ（一例）
〜（あ列の仮名）＋ふ［意志］（三例）／（お列の仮名）＋う（二例）／（あ列の仮名）＋を（一例）
〜よふ（三例）／やう（二例）
〜ませふ（二例）／ましやう（一例）／ませう（一例）　〜やせう（二例）／やしやう（一例）

絵が主体で文章が少ない黄表紙の、それもわずか全三冊、本文あわせて一五丁という分量のなかでは決して少ないとはいえない数である。

会話が重要な役割を果たす戯作では、口語特有の語形が多くあらわれるが、本書の異表記例が口語語彙に限られていないことにも注意されたい。「定家かなづかい、歴史的かなづかいともに古典の表記に主たる根拠をおく規範だから、規範の及ばない口語語彙に限って表記がゆれているにすぎない」というのではないのである。異表記をもつ語は、他の表記が安定している中での少数派の例外というわけでもない。かなづかいの規範の対象となりうる音形を含む語形で、同語形が常に同じ表記で安定しているものは、仮に出現が五例以上のものに限れば、本書では

おとこ（九例）　ゆへ（一〇例）　しんぢう（七例）

の三種しかないのである（頻出する助詞の例はいちいちあげない。以下も同じ）。

これは、この作品、この作者に限ったことではない。本書に先立つ十年前（一七七五（安永四）年）に刊行され、黄表紙というジャンルをきりひらいた恋川春町作『金々先生栄花夢』をみると、計二冊、本文計九丁の中に

同一ページ　せんせい／せんせひ〔五〕〔八〕

同じ丁の表裏　おひいだしける／おい出され〔一一〕

という近接位置での出現をはじめ、

おい出され（一例）／おひいだしける（一例）　おもいけれども（一例）／おもひけれども（一例）

かう［副詞］（一例）／こう（一例）　せんせい（一四例）／せんせひ（二例）

という同語形の異表記例があり、一方、五例以上の用例のある安定した表記は

～を［格助詞］（五〇例）／～お（六例）

あわ（～もち・餅）（七例）　～へ［～（兵）衛］（七例）　～ましやう（五例）

の三種にとどまっているのである。

2 異表記を許容する表記法——脱規範的性格

実は、この時代の、それも黄表紙をまず見たことには意図がある。従来、仮名の表記は規範としての「かなづかい」との関係でみられることが多かった。しかし、当時行われていた定家かなづかいも歴史的かなづかいも、表記を語ごとに指定するものだったから、収録語彙数が十分なかなづかい語彙集を容易に参照することが可能でなければ、規範に従おうにも従うことはできないし、規範にもとづく教育を行なうわけにもゆかないのである。一七七〇・八〇年代というのは、定家かなづかいなら橘成員編『倭字古今通例全書』(一六九六(元禄九)年刊)、歴史的かなづかいなら楫取魚彦編『古言梯』(一七六八(明和五)年刊

＊1　今回の調査に当たっては、同語形の異表記例の、板本での同一丁の表裏・同じページ・同じ見開きという近接位置での出現状況を見るため、また、後述のように仮名の連綿との関係を見るため、現代の活字翻刻テクストではなく、板本の影印版を用いた(本稿末の「調査資料」参照)。板本そのものではなく、影印版をもちいたのは、異版関係の複雑な近世板本において、たまたま嘱目しえた任意の板本をとりあげたのでは、読者による検証の可能性をそこねるからである。

異表記の抽出に当たっては、本行か振り仮名かは区別せず、振り仮名の挙例の際は、本行の漢字は省略した。当時「総ルビ」システムの文献では、読者にとっては本体は、本行の漢字ではなく、ルビであり(屋名池(二〇〇九b)参照)、その点では本行の仮名と価値にちがいがないと考えられるからである。

以下、用例の掲出は語形の五十音順。同じ語形の異表記例は、例数の多い順にあげたが、同数の場合は、表記の五十音順とした。

活用語については、おなじ動詞・形容詞でも活用形ごとにちがった表記となることが先行研究によって知られているので、活用語尾部分の表記が問題になっているときは活用形ごとに別にあげたが、語幹部分が問題になっている場合は活用形がちがっても同じ語ごとにまとめてあげた。

か）という、多数の語彙を収載し実用に耐えるかなづかい語彙集が利用可能になった最初の時代なのである。

定家かなづかいも歴史的かなづかいも、音韻変化の結果、音形との一意対応を失った表記について、音形と再び対応させることを断念し、音形とともに言語の両面をなす今一つの側面、意味と対応させることで表記を安定させようとしたものであるから、同音の語形であっても意味が異なれば表記が異なり、表記面を見れば、音形を経由することなく意味に到達することが可能であることも多い。表意性の表記である漢字をほとんど用いず、ひらがなのみでベタに書かれている黄表紙の文章にあっては、定家かなづかいや歴史的かなづかいで語形が安定して表記されていれば（もちろん読者もかなづかいを知っていればであるが）、可読性を増すために役立つはずである。

このように、かなづかい規範を採用することが、可能でもありまた有益でもあったのがこの時代の黄表紙だったはずなのだが、ではその表記の実態はといえば、かなづかいに従うどころではなく、安定した表記面を志向しているとは到底考えられない状況なのである。

これはなまじ複数の規範に容易に触れることができるようになったがため混乱が生じたとか、黄表紙はもともと子供向けの絵本の発展したものだから、規範からの拘束が特に弱かったとかいうわけではない。刊行こそ『古言梯』刊行後の一七七〇（明和七）年かとされるが、成立は明和初年にさかのぼると考えられる**洒落本『遊子方言』**（田舎老人多田爺作）を見ると、すでにそこには、

同一ページ　～ま**せう**か／～ま**しよふ**か（二ウ）　**よい**／**ゑい**［良い］（九オ）
ぞうり／**ざう**り（二三オ）　むか**ひ**／むか**い**（三四オ）
同じ丁の表裏　手のご**ひ**／手のご**い**（一二ウ）
同じ見開き　～にく**い**／～にく**ゐ**（九ウ・一〇オ）

　をそう御座りました／をそふ御座りました（一七ウ・一八オ）

のようにごく近い場所に同語形の異表記例が見られる実態があるからである（その他の異表記の例は紙数の関係で挙例省略）。かなづかい規範の普及以前からの、それも黄表紙という特定のジャンルに限定されるものではない、表記のありかたが、一七七〇・八〇年代の黄表紙でも受け継がれているといえるのである。

3　異表記を許容する表記法――ジャンルの広がり

こうした表記実態は戯作に限られるものであろうか。

戯作とはもっとも遠い位置にある文献を代表としてとりあげよう。『江戸生艶気樺焼』（一七八五（天明五）年刊）とほぼ同時期に世に出た**蘭学書**、大槻玄沢『**蘭学階梯**』（一七八八（天明八）年刊）である。戯作とは内容面が異なっているだけでなく、表記上もまったく対蹠的な位置にある文献である。戯作が「総ルビ」・漢字ひらがな混用・連綿という表記システムをとるのに対し、「パラルビ」・漢字カタカナ混用・非連綿というシステム（江戸時代における二大システムの並立については屋名池（二〇〇九b）参照）をとっているのである。「パラルビ」システムの文献では名詞や用言語幹部はほとんどルビなしの漢字で表記されているため、仮名の異表記例の絶対数はすくないが、[*2]それでも同一ページにあらわれた異表記

　オランダ／**ヲ**ランダ（上六オ）　ツケ**オ**キ／ツケ**ヲ**キ（下一五オ）

が存在するだけではなく、次のような同語形の異表記例が見られ、

＊2　用例採取の範囲：漢文の「梯首」の送り仮名からは採らない。

オランダ（三例）／**ヲ**ランダ（一例）　　ツケ**オ**キ（一例）／ツケ**ヲ**キ（一例）
給**ハ**ザリシ故（一例）／タマ**ワ**ザリシ故（一例）　　ツ**イ**ニ（一例）／終**ヒ**ニ（一例）
〜**ヤウ**（三例）／**ヨウ**（一例）

一方、かなづかい規範の対象となりうる音形を含む語形で安定した表記の例は見られない。定家かなづかいをもちいる和歌などの世界、歴史的かなづかいをもちいる国学の世界の外では、当時広くこのような表記がおこなわれていたことがわかる。

4　異表記を許容する表記法――通行の時期

戯作の世界で時代をくだり、作者、ジャンルも異なる例をみてゆこう。

四半世紀をくだった、**いわゆる滑稽本**、式亭三馬『**浮世風呂**』（一八〇九（文化六）年前編刊）のうち一冊（前編上）をみても[*3]

同じ丁の表裏　ゆうべ／ゆ**ふ**べ（一四オ・ウ）
同じ見開き　**びや**うにん／**べう**にん（二〇ウ・二一オ）

が見られるだけでなく、

をとこ（三例）／**お**とこ（一例）　　**じや**うだん（一例）／**ぜう**だん（一例）
ちく**せう**（二例）／ちく**しや**う（一例）　　**べう**にん（二例）／**びや**うにん（一例）
へい（る）（一例）／**へゑ**（る）（二例）　　ゆうべ（三例）／ゆ**ふ**べ（二例）

〜やう［意志・推量］（二例）／よう（二例）

の同語形の異表記例があり、一方で五例以上の用例のある安定した表記の例は

ゐる（一六例）　いんきよ［隠居］（五例）　けふ（五例）

さう（五例）（巻之下には異表記あり）　にいさん（八例）

はい（る）（六例）　ばんとう（七例）　やまひ（七例）

よい〱（五例）

〜やう（だ）（五例）　〜ませう（六例）　〜だらう（五例）

にとどまって一向に表記安定の気配がない。

しかし、ほぼ同時期の**読本**、滝沢馬琴『**椿説弓張月**』（一八〇七（文化四）年前編刊）のうちの一冊（前編巻之一）では、異表記例は

まいりしに／まゐりたりし（一六オ）

の一種にすぎず、同時期であってもジャンルや作者によって表記面の安定に対する志向の度合にちがいがあることはいなめない。

しかし一般的に見れば、同語形の異表記が減る傾向にあるというわけにはゆかない。さらに四半世紀をくだり、**人情本**、為永春水『**春色梅児誉美**』（一八三二（天保三）年初編・二編刊）のうち一冊（初編巻之一）になっても、[*4]

＊3　用例採取の範囲：「大意」・「凡例」と、本文でも「朝湯の光景」に先立つ序文的部分、「よいよい」・田舎者・西国者・「三ツばかりの女の子」の発言部分は除く。

同一ページ　いいながら／いひながら（一四ウ）【隣の行】
かはいゝ／かわいゝ（一九オ）【隣の行】
かはひそふ／かわいそふ（一九オ）【二行先】
〜だらう／だらふ（一三オ）【二行先】
どきやう／どきよう（二二オ）【隣の行】

同じ丁の表裏　いぢ／ゐぢ（一〇オ・ウ）
おいら／おゐら（一三オ・ウ）

同じ見開き　（〜の）やう／よふ（八ウ・九オ）
〜よう（だ）［様態］／よふ（だ）（二一ウ・二二オ）

のような近接位置での出現のほか、

いひながら（二例）／いいながら（一例）　ゐぢ（二例）／いぢ（一例）
うれしい（一例）／うれしひ（一例）　（〜兵）へ（六例）／ゑ（三例）
おいら（四例）／おゐら（二例）　おとこ（三例）／をとこ（二例）
おんな（二例）／をんな（二例）　かわいゝ（四例）／かはいゝ（一例）
かわいそふ（五例）／かはひそふ（一例）　すまひ（一例）／すまゐ（一例）
どふ［副詞］（一四例）／どう（二例）
（どふだ一例・どふで三例・どふか一例・どふかして一例・どふも八例・どふぞ六例）
どきやう（二例）／どきよう（一例）　なかのがう［地名］（一例）／なかのごう（一例）

もふ（一〇例）／モウ（七例）　ゆゑ（三例）／ゆへ（一例）
（〜の）よふ（五例）／やう（一例）　よふす（三例）／やうす（一例）
〜たひ（三例）／たい（一例）　〜（連用形）＋よふ［様態］（二例）／よう（一例）
〜（終止形）＋よふ（だ）（二例）／やう（だ）（一例）　〜たらう（二例）／たらふ（一例）
〜だらふ（六例）／だらう（一例）／だろふ（一例）
〜よふ［意志］（二例）／よう（一例）　〜ヱ［終助詞］（二例）／へ（一例）
〜ねへ［終助詞］（四例）／ネヱ（一例）　〜はな［終助詞］（多数）／わな（一例）

のような多数の異表記例があり、一方五例以上の用例をもつ安定表記の例は

ゐ（る）（二三例）　おまはん（二一例）　かほ（八例）
けふ（五例）　じや［では］（七例）　そふ［副詞］（一八例）
なを（五例）　〜りやう［両］（六例）

にすぎないのである。

　こうした「同じ語形の表記がひとつに定まっているとは限らない」という状況は、明治になって歴史的かなづかいが全国的にかつ各ジャンルにわたって普及するまで続いてゆくのである。その最後期の状況を仮名垣魯文『**牛店雑談　安愚楽鍋**』（一八七一・二（明治四・五年）年刊）にみてみよう。

＊4　用例採取の範囲：本文以外の「序」・口絵の画中の字句・清元延津賀の書簡を除く。

同一ページ　しやうち／せうち（三上一〇オ）【三行先】
はい（る）／はゐ（る）（三下三オ）【隣の行】

同じ丁の表裏　はい（る）／はゐ（る）（三下三オ・ウ）
～（あ行の仮名）＋う／（お列の仮名）＋ふ［意志・推量］（三下七オ・ウ）

同じ見開き　せいやう／せいよう（初六ウ・七オ）
ずいぶん／ずゐぶん（三下一七ウ・一八オ）

のように、近接位置でも異表記例が相変わらず見られるほかにも異表記例が大量に存在する（紙数の関係で自立語についてはア行・カ行までの挙例にとどめる）。

あふる［呷］（一例）／あをる（一例）　ゐ（る）（六七例）／い（る）（二例）
ゑり［襟］（三例）／えり（一例）　わうらい［往来］（三例）／おうらい（一例）
お（く）［置］（一七例）／を（く）（二例）　をとこ（四例）／おとこ（二例）
おる［居］（五例）／をる（五例）　かつぱう［割烹］（一例）／かつほう（一例）
かんじやう（四例）／かんぢやう（二例）　こころえ［名詞］（一例）／こころへ（一例）
こはいろ（一例）／こわいろ（一例）

～くらい（一例）／くらひ（一例）　～ぐらい（六例）／くらゐ（二例）

～じや［では］（二例）／ぢや（一例）　～じや［だ］（一二例）／ぢや（一二例）

〜さう（だ）［様態］（三例）／そう（だ）（三例）　〜さう（だ）［伝聞］（五例）／そう（だ）（三例）

〜（あ列の仮名）＋う（一一例）／（あ列の仮名）＋ふ（五例）／（お列の仮名）＋う（三例）／（お列の仮名）＋ふ（一例）

［意志・推量］

〜やう（一五例）／よう（三例）（「〜よう」は「しよう」のみ）［意志・推量］

一方、五例以上の用例をもつ安定した表記は一向に増えない。

うへ（五例）　ゑひ［酔］（五例）　おぼへ（る）（五例）

おまへ（一〇例）　おめへ（一〇例）　かへ（る）［代］（八例）

かへ（る）［帰］（八例）　かほ［顔］（九例）　かはり［代］（一二例）

かんがへ（る）（六例）　げいしや（一二例）　がうせい［強勢］（六例）

こゑ（九例）　こしらへ［名詞］（五例）　このあひだ（五例）

〜やう（だ）（三一例）　みたやう（だ）二例　〜だらう（一三例）

〜は［終助詞］（二四例）

異表記の多寡はジャンルにより人により異なるものの、同語形を異表記して怪しまないありかたが、結局、近代以前の長きにわたり、また広い範囲で存在していたのは明らかである。

5　多表記性表記システム

これまでにあげたリストを通覧すればすぐわかるように、ある人・文献にあっては異表記を許す語形であるものが、他の人・文献では安定した表記で現れるというように、異表記を許される語形・安定した表記の語形は、人により、文献により一様ではないことにも注目しておかなければならない。

このありかたは不注意からきているものであるとは到底考えられない。整版本であっても当時も校正の過程は存在していたのだから、著者や版下書きの書き間違い、彫師の誤刻であったとすれば見逃されてこれほど残るということは考えがたいからである。これはやはり、当時、著者・筆耕者・彫工・版元・読者ともに、一つの語形がいつも同じ仮名表記で書かれるわけではないことを許容していたと考えなければならないだろう。

これはルールはあったが、その運用が無頓着だったということなのだろうか。それとも表記のルールそのものがなく、表記は無秩序だったということなのだろうか。

しかし、一度ここで立ち止まって、こうした問いそのものを考え直してみる必要があるのではなかろうか。当時もこうした表記によって、文字によるコミュニケーションは滞りなく行われていたのであるし、現代のわれわれもこうした表記できちんと一意的なヨミに到達できるのだから。

これは、むしろ、表記の多様性を無秩序だとみてしまうわれわれの側の方にこそ問題があって、こうした表記法の本質を虚心にみてとることができていないのではなかろうか。

理論的に考えると、言語と表記の対応関係は、さまざまな観点から分類することができる。

・意味との関わりによる分類

表音表記（意味とは音形を介して間接的に関わるのみ）、表意性表記（音形と意味とを表示）

という分類（意味しか表示しないものは文字ではない）

・対応する言語の側、表記の側それぞれの単位の大きさにもとづく、シンタグマティックな観点からの分類

表音表記において単字が対応するのは、音素か、音素列か、音節か、音節列かなどの分類
表意性表記において形態素と対応するのは、単字か、文字列かなどの分類　　　など
・対応する言語のレベルによる分類
表音表記において、音声レベルか、音韻レベルか、形態音韻レベルか、形態レベルかなどの分類
・対応する言語の側、表記の側それぞれが一つなのか複数種類にわたるのかというパラディグマティックな観点からの分類
一対一の対応、一対多の対応、多対一の対応、多対多の対応という分類

などがまず基本的な分類となろう。

今、問題にすべきは、最後にあげた分類である。これから議論を進めて行く上で、「一対多の対応」「多対一の対応」などという呼び方はまぎらわしいので、名前をつけておこう。「表記 対 語形」の順で、

1 「一 対 一」の対応の表記システム　「唯一性表記システム」
2 「多 対 一」の対応の表記システム　「多表記性表記システム」
3 「一 対 多」の対応の表記システム　「多読性表記システム」
4 「多 対 多」の対応の表記システム　「多読性＝多表記性表記システム」

このうち、3と4の多読性の表記システムは、一意的な伝達ができないので、自立した表記法としては欠陥がある。実在しても、記憶の呼び起こしなどに補助的にもちいられるにとどまるか、一見して多読性のように見えても、実は複雑なメカニズムによってヨミの一意性が確保されている別のシステムであるかであろう（現代日本語の漢字は一字ずつ取り出せば多読性に見えるものの、語の表記としてはヨミの一意性が確保されている。屋名池（二〇〇五）（二

〇〇九a）参照）。

一方、2の多表記性表記では、表記という伝達ルートは複数あっても、一つのヨミというゴールに確実に到達でき、伝達の一意性が確保されているのだから、それだけで自立できる立派な表記法である。

われわれは仮名の表記というと、まず「かなづかい」というものを当然の準拠系として考えてしまうが、「かなづかい」は「一つの語形にはただ一つの表記のみを許す」という唯一性表記システムの規範である。だから、われわれは未知の表記に向き合うときも、「唯一性表記か、無秩序か」という二者択一のパラダイムの中でしか対象を見ることができなくなってしまうのである。このとき「多表記性表記システム」の存在はその視野の中にはない。

ここで「多表記性表記システム」というものも表記システムとして存在しうるのだということを念頭において、今まで「同じ語形の異表記を許容する表記」と呼んできた江戸時代通行の仮名表記を見直してみよう。

6　多表記性表音表記システムとしての「近世通行仮名表記」

今問題になっている江戸時代の仮名の異表記例を通覧すると、異表記が許されているといっても、その範囲は決して無限定ではないことに気が付く。これまでにあげた用例リストでゴチックとした部分だけを抽出してまとめてみると次のようになる（他文献の例も加えてある。一方、一部8節での検討に回したものがある）。

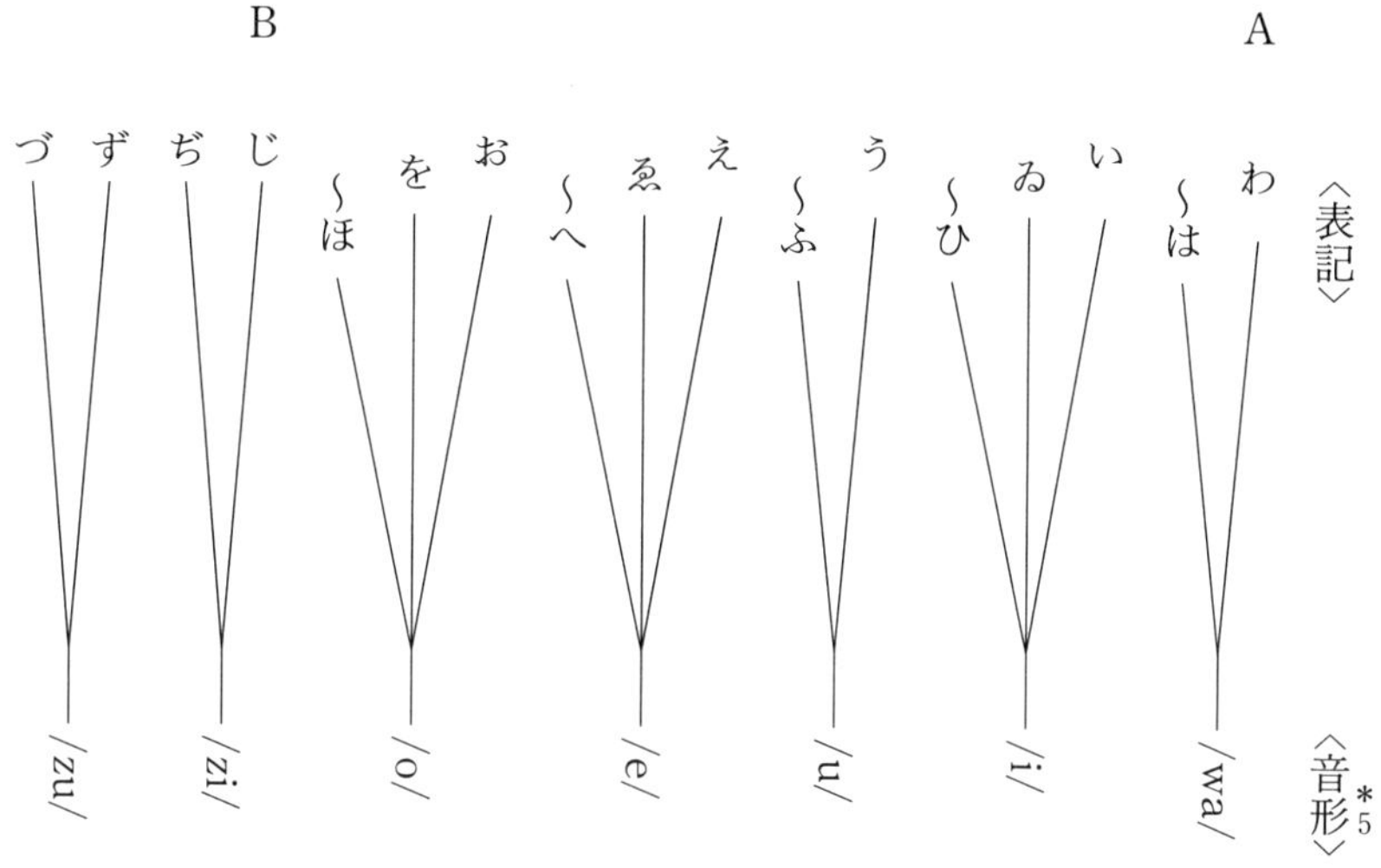

〈表記〉
〈音形〉*5
A
わ
～は
/wa/
い
ゐ
～ひ
/i/
う
～ふ
/u/
え
ゑ
～へ
/e/
お
を
～ほ
/o/
B
じ
ぢ
/zi/
ず
づ
/zu/

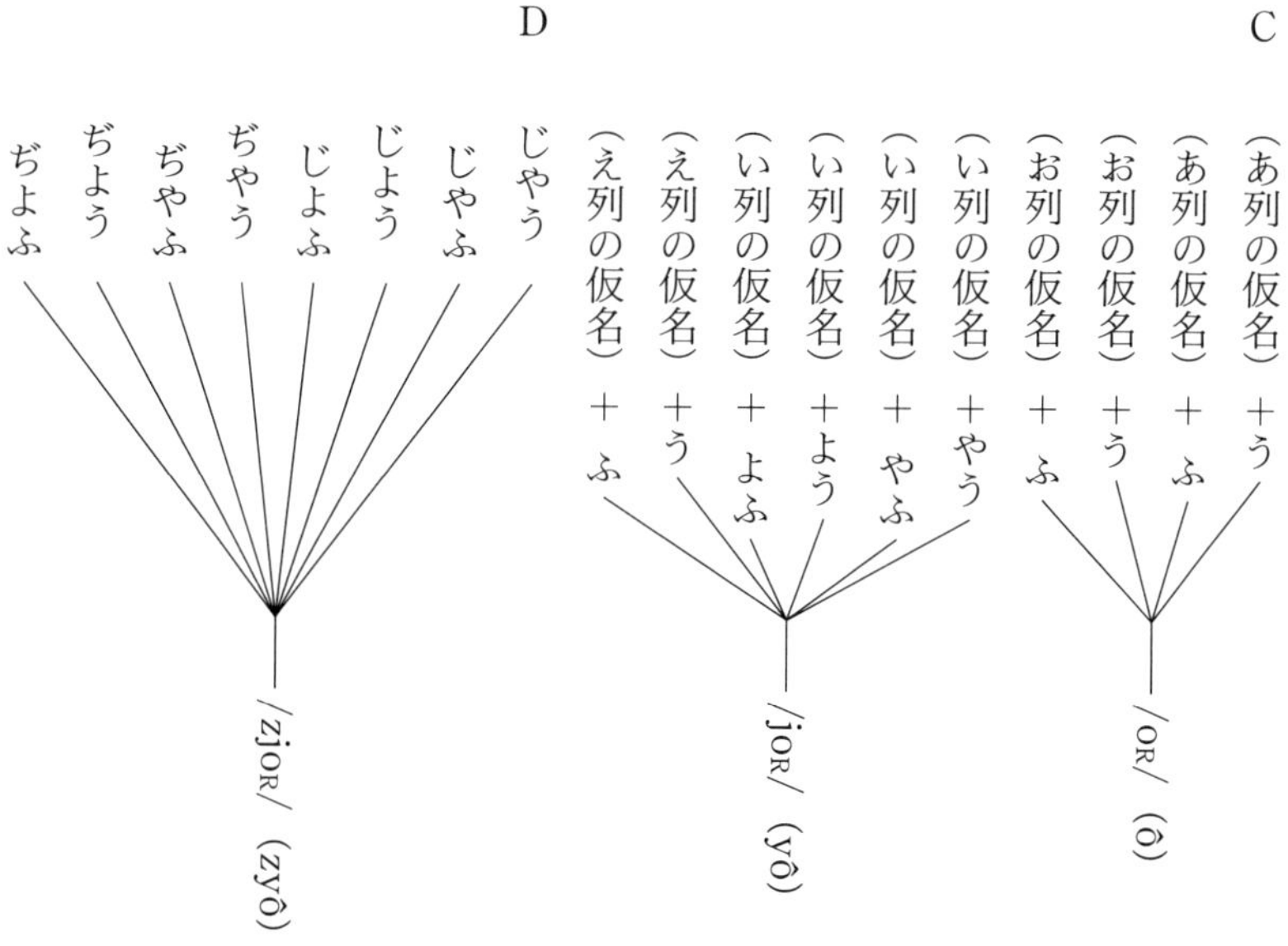

C
（あ列の仮名）＋う
（あ列の仮名）＋ふ
（お列の仮名）＋う
（お列の仮名）＋ふ
/oʀ/（ô）
（い列の仮名）＋やう
（い列の仮名）＋やふ
（い列の仮名）＋よう
（い列の仮名）＋よふ
（え列の仮名）＋う
（え列の仮名）＋ふ
/joʀ/（yô）
D
じやう
じやふ
じよう
じよふ
ぢやう
ぢやふ
ぢよう
ぢよふ
/zjoʀ/（zyô）

A～Dの表記と音形との関係は、重複してあらわれている部分をまとめることで、次のI・IIのように段階をわけたかたちで整理することもできる。IはA・Bを「等価な表記」としてまとめ直したもの、IIはIで等価の表記にまとめられたものが代入されるものとしてC・Dの対応関係をよりシンプルにまとめたものである。

I
わ＝～は
い＝～ひ＝ゐ
う＝～ふ
え＝～へ＝ゑ
お＝～ほ＝を
じ＝ぢ
ず＝づ

II
（あ列の仮名）＋う
（お列の仮名）＋う　――/oʀ/（ô）

（い列の仮名）＋やう
（い列の仮名）＋よう
（え列の仮名）＋う　――/joʀ/（yô）

今まで「同じ語形の異表記を許容する」という共通点だけで、ジャンルや時代を異にする表記を一からげに扱ってきたが、その異表記例のありかたをこのようにまとめてみると、すべて同質のものであることがわかる。[*6] このアイデンティティを共有する表記法を以下では「近世通行《つうこう》仮名表記」と呼ぶことにしたい。

音形から表記を見ると一意的な対応をしていないが、表記から音形への対応は一意的だから、これは典型的な「多表記性」の対応である。A～D以外のここにあげなかった仮名は一つの音形としか対応しないのだから、これらの表記法からは、常に音形（ヨミ）が一意的に定まることになる。[*7]「近世通行仮名表記」は、まさに前節でその存在を想定した多表記性の表記システムなのである。

ヨミを決定するのに意味を援用する必要はないから、これは表音表記のシステムでもある。*8 一文字ごとのヨミだけで音形と対応するものしか表音表記を考えない人が多いようであるが、そのように狭くとらえる必要はない。CやDのような特定文字列が音形との対応単位となっていても（英語のshやドイツ語のeuなども特定文字列が対応単位である例である）意味を援用することなく音形に到達できれば歴とした表音表記である。

「近世通行仮名表記」は無秩序どころか、多表記性の表音表記という、正確に音形を表記しうる表記システムだったのである。*9

---

*5　／／内は音韻表記。訓令式ローマ字表記と異なるもののみ、ローマ字表記を（　）で示した。

*6　今回とりあげた文献にはみえないが、Aにおいて語中という出現位置の限定なく、は行の仮名が「わ」「い」「う」「え」「お」と等価とされる、傍系の表記システムも存在していたようである（湯沢（一九三六）、坂梨（二〇〇四）、遠藤（二〇一〇b）参照）。

*7　促音および拗音は、当時、専用の表記をもたず、他の音韻のための表記を転用・共用していたため多読性となっていたし、清濁の別についても、仮名表記の通例として書き分けが義務的でなかったため多読性であることもあったのだが、これらについては、「近世通行仮名表記」に限らず、定家かなづかい・歴史的かなづかいなど当時の仮名表記法すべてが同様の状態だったので、今除いて考える。

*8　表音表記が対応している音韻体系は、当時の江戸方言や京都方言のような、五母音体系で、四つ仮名・オ段長音の開合の統合が完了しているものである。今回とりあげた文献ではたまたま実例が見られなかったが、合拗音・直音が統合していれば

E　くわ／か　＞　/ka/　　ぐわ／が　＞　/ga/

も必要になる。なお、この表記では/oʀ/ /joʀ/以外の長音は母音として表記されている。

*9　同じ「表記システム」という用語をもちいているが、「近世通行仮名表記」システムは、より大きな「総ルビ」システムや「パラルビ」システムに組み込まれる局所的システム、すなわちモジュールである。

このシステムの運用にあたっては、読む人は、

α　先のIの等価表記のリストを踏まえ[*10]

β　それぞれの仮名についての

①　IIの特定文字列にあるときのヨミ

②　一文字のときのヨミ（現代語の場合と同じなので一々あげない）

を登録しておく（覚えておく）とともに

γ「まずIIの特定文字列を識別して、その部分にはその文字列特有のよみを与え、それ以外の部分に限って、一文字ずつに定まっているヨミで仮名を読んでゆく」という読みとりのためのルール

を知っておけばよい。

「あ」などのように、単独では/a/、「あう」という文字列では/oR/などと複数のヨミをもつものがあるから、仮名ひとつひとつについては多読性があるように見えるが、γのルールによってIIの特定文字列にあるときのヨミが優先されるので、システム全体としては多読性の問題は生じず、一意的なヨミが保障される。

「おう」は「お」＋「う」の/ou/ではなく、「おう」全体で/oR/とよむというように、有標のヨミを優先的に与えられる特定文字列は現代かなづかいにもあることを考えれば、このシステムは表音表記としてけっして使いにくいものではないことがわかるだろう。

一方、書く場合はどうか。このシステムでは、同じヨミをもつ仮名や文字列が複数あることがあるが、書く際には、そのヨミをもっている仮名や文字列はどれをもちいてもよい。[*11]

前節までに見てきた個人や個々の文献ごとの表記の個性・偏りは、このシステムが許す多表記性の中でどの表

記を具体的に選択したかの結果にすぎない。表面的な用字の個性・偏りの背後にあってその個性・偏りの幅までも保障しているものこそ、社会的な慣習制度としての表記システムなのである。[*12]

かなづかいのような、修得に多大な時間を要するシステムと異なり、書くにも読むにも覚えるべきことがごく少数ですむこのシステムは、修業年限もなく、随時の就学、随時の中断が可能であった、当時の初等教育のありかたにとっても、都合のよいものであったろう。

7 「近世通行仮名表記」の原理

前節で一覧したA〜Dは、歴史的観点から見ると、平安時代後期以降の音韻変化の結果生じた、音韻と仮名とのイレギュラーな対応そのものであることがわかる。平安時代中期には、仮名は音韻と一対一対応しており、仮名は発音通りに書かれていたので、A〜Dの〈表記〉の欄を、平安時代の音韻と見なせば、〈音形〉の欄、すなわち江戸時代の音韻に向かって、A〜Dの上から下へ向かう方向で歴史的な音韻変化がおきたのである。A〜Dは、いわば、(そうした歴史的変化の中間段階を省略した)音韻変化の音韻レベルの(音声レベルの変化は反映

*10 ここでは、「わ」「〜は」、「い」「ゐ」「〜ひ」などの字は別の字ではあるもののこのリストによって表記上等価なものとしてあつかわれるものとしているが、「近世通行仮名表記」にあっては、こうしたリストを考える必要はなく、これらの字はすべて異体字の関係にあったと見た方がよいのかどうかは、今後慎重に検討を加える必要がある。定家かなづかいや歴史的かなづかいではもちろんこれらの字は別の字として扱われている。

*11 とはいっても頻用される助詞などは日頃見慣れた字面を皆が用いるため、おのずと共通の偏りを生じることはある。

*12 言語は個人を超えて通じあうことこそ第一義なのだから、従来の近世語の表記研究のうちでも、個人ごと、文献ごとの用字の傾向のみに特化した研究は、文体論的研究ではあっても、表記法の研究とはいいえない。

しない）一覧表ともいえる。つまり、「近世通行仮名表記」で多表記性である部分は音韻変化にかかわる部分のみであり、音韻変化にかかわらない語形ではまったく多表記性を生じてはいないのである。これは、このシステムが、音韻変化の結果生じたイレギュラーな対応をすべてそのまま音形と表記との対応としてとり込んだ、いわば自然成立のシステムであることを示している。[*13]

A〜Dに反映した音韻変化はみな音韻が統合する方向の変化だったから、自然成立の表記システムも、多表記性は生じたが、ヨミの一意性を阻害する多読性を生じることはなかったのである。

統合型の音韻変化では、いくつもの音形が一つの音形に統合するのだから、音形だけの情報では変化後の音形から変化前の音形を特定することはできない。その統合の道筋をすべて表記と音形の関係として取り込んでいる多表記性表音表記では、表記から音形を一意的に導くことはできるが、音形から特定の表記を一意的に指定することはできない。定家かなづかいや歴史的かなづかいは、音形からも特定の表記を一意的に指定できる唯一的表記（平安中期までの仮名表記の性質の一つでもあった）を目指したために、音形以外の情報＝意味を援用し、部分的に表意性表記化することを余儀なくされたが、一方、多表記性表音表記システムは仮名表記本来の純粋な表音表記という性格の方を残したために、表記に対する一意性は維持されなかったのである。

音韻変化には、音韻が統合する方向での変化だけでなく、音韻が分岐する方向での変化もある。和語における撥音や促音、拗音は平安時代末期以降、音韻分岐によって生じたものである。「近世通行仮名表記」では、音韻統合の場合には統合前の姿を表記に反映させているが、音韻分岐の場合はみな分岐後の音形を表記している。分岐前の音形を表記に反映させてしまうと、分岐後の音形は複数あるため多読性を生じてしまうからである。これは「近世通行仮名表記」が、歴史的かなづかいのように歴史的な性格を首尾一貫させることに拘泥せず、なによりも当代語の表音表記として、ヨミの一意性の確保を第一義とした柔軟なシステムであったことをしめしている。

本稿では、一八世紀からの実例しか示さなかったが、このシステムそのものの性格に刻印された成り立ちの経緯からして、システムの由来は平安後期の音韻、表記の分岐当初にさかのぼるものであろう。*14 自然成立のシステムであり、一度も正当に評価されることもなく、*15 明示化されたこともないにもかかわらず、このシステムで常にヨミの一意性が確保されていたことは特筆に値する。定家かなづかい以来のかなづかい論者たちの思いこみに関わらず、その文字面の表面的な見かけとは裏腹に、日本語の仮名表記は機能に関しては一度として「乱れ」たこと――その表音性の伝達機能を十全に果たしえなかったこと――はなかったことになるからである。

8 「近世通行仮名表記」の特質と限界

文字・表記は、音声によるコミュニケーションでは逃れられない時間と空間の制約から自由になるために発達

*13 厳密にいえば、この表記システムには表音的に見ると注7にあげた以外にもごく一部ながら多読性があり、一意的な読みのためには、語彙的な例外として登録しておかなければならない少数の語がある。「あふ」は/oR/のほか、/ao/（「仰ぐ」、「扇ぐ」など）/ahu/（「溢れる」など）とよまれ、「あひ」は/ai/のほか、/ahi/（「家鴨」など）ともよまれる。これらは音韻変化が途中で止まってしまったために生じている音形だから、これも、音韻変化の結果作られたルートの忠実な反映である。

*14 遠藤（二〇一〇a）にあげられた十二世紀前後の平仮名文献の「非古典仮名遣」「誤った回帰」の例はともに多表記性表音表記システムによるものと考えられる。「近世通行仮名表記」の冠称は「前近代」とかえた方がよいかもしれない。

*15 上田秋成の『霊語通』に引かれた田安宗武の考え（「或御説」）のうち次の部分が、唯一の肯定的な評価であろう。

「粟をばあはと書るも。古くはあわとはいはで。あはと云たる故也。……あわと書るは。古言に叶はず。されど言語に便する為の仮字なれば。あはと書たるをも。あわとよみ。……あわと云て。あはと書も。……たゞあわと書て。あわとよむたぐひを笑ふべからず。」（『上田秋成全集　第六巻　国語篇』中央公論社　一九九一年　による）

したものだから、時間を超えて伝達が可能なことは文字・表記の存在意義の一つである。一方、言語には音韻変化というものがある。だから、音形と文字・表記を結びつけた表音表記というありかたは本質的に矛盾に満ちた存在である。文字・表記は時間を超えて変わらないことが望ましいのに、それが表記する音形の方はどんどん変わってゆくからである。すぐ使用に耐えなくなるのが、表音表記システムの宿命なのだが、「近世通行仮名表記」は表音表記でありながら音韻変化が起きればすぐさまそれを表記に取り込むことで、自動更新され、音形との対応を保ち続けるという驚くべきシステムなのである。もちろん、システムが更新されれば、書く場合、表記のしかたが前代より増えるが、前代に書かれたものを読む分にはなんら支障がない。時間は不可逆的に一方向へ進むのだから、われわれは前代の記録を読んだり、後代に向けて記録を残すことはあっても、前代に向けて書くことはないので、これでまったく問題ないのである。

「近世通行仮名表記」が自動更新できるのは音韻統合の場合だけではない。

平安時代中期の「ゑふ」（酔）は音韻変化の結果、江戸時代には/joR/（yô）になっているが、その連用形や名詞形は音韻変化によっては/jei/（yei）乃至/ei/にしかならず、/joi/（yoi）というかたちは、/joR/（yô）に語幹を揃えるという文法的な事情（形態変化）によって生じた形である。しかし、「近世通行仮名表記」は/joi/（yoi）を「ゑひ」や等価の仮名「ゑい」「えい」「えひ」などで書くことを認め、さらに、意味には直接かかわらない表音表記であるため、同じ音形なら意味の異なる「良い」まで「ゑい」（『遊子方言』）のように表記してしまうのである。

音韻変化の結果だけでは、「投げむ」は/nagjoR/（nagyô）、「起きむ」は/okjuR/（okyû）にしかならない。/nagejoR/（nageyô）や/okijoR/（okiyô）という形は語幹や語尾を一定の形に整形する形態変化として生じたものである。これも「近世通行仮名表記」は音韻変化によって生じた形と区別せず「よう」「よふ」「やう」「やふ」と表記してしまう。

歴史的かなづかいの場合、こうした形態変化の結果をどのように表記するかが原理に関わる大問題であり、結局、歴史主義の大原則まで変質させるに至ってしまった(屋名池(二〇〇七)参照)のとは、大ちがいである。

しかし、こうした「近世通行仮名表記」も不死身なのではない。

「近世通行仮名表記」では、音韻分岐が起きた場合は、それによって生じた新音韻の表記は自動的には定まらないが、これはどんな表記システムであっても不可能なことだから、「近世通行仮名表記」の欠点とはいえない。問題は別のところにある。音韻変化がおきれば、在来の語には音韻変化前の音形は残らない。しかし、音韻変化は一回性のものだから、音韻変化後に、変化前の音形と同じものが外部から移入されても、変化後の形に変換されることはない。たとえば、/au/という音形は中世から近世初期にかけての音韻変化の結果/oR/に変わったので、和語や漢語には/au/という音形は残っていないが、近世以後に外来語として/au/を含む語(「アウストラロピテクス」「アウステルリッツ」など)が移入されてもそれは/au/のままで、/oR/には変換されない。しかし、近世通行仮名表記では「あう」は/oR/と読まれてしまうので、この/au/という音形を含む語は表記できないか、個別に語彙的に登録しなければならないことになり、表音表記の原則を脅すのである。[*16]

「近世通行仮名表記」は、畢竟、外来語の移入がない孤立的対外環境の時代の産物だったのである。

＊16 歴史的かなづかいの場合も同様だが、「平安時代中期の音形を基準にする」という原則には背馳するものの、歴史的かなづかいの場合、表記を語彙的に登録すること自体は普通の方法であるから、特に問題にはならない。

9 「近世通行仮名表記」とかなづかい

かなづかいの問題も、音韻変化の結果、本来一対一に対応していた音韻と仮名との関係がイレギュラーになったことから生じたのだから、江戸時代通行の多表記性表記システムと淵源するところは同じであり、「近世通行仮名表記」がそのイレギュラーな対応もすべてそのまま表記として認めているのに対し、かなづかいは、書く場合の一意性をもとめてそのうちのひとつずつをオーソライズしていったにすぎないので、歴史的かなづかいや定家かなづかいでオーソライズされた表記形は、多表記性システムが認めている表記形のバリエーションの中に必ずふくまれている。数ある表記形のバリエーションを一意的に読みうる6節のα～γのルール（以下、「読み取り規則」と呼ぶ）は、歴史的かなづかいや定家かなづかいでオーソライズされている表記形も一意的に読むことができるのである。歴史的かなづかいや定家かなづかいは個々の語についてかなづかいを覚えていなければ書くことはできないが、「読み取り規則」を使えば（文字面から音形を経由しないで、直接意味までは読みとることはできないもの）読むことはできるのである。それどころではない。そもそも、定家かなづかいや歴史的かなづかいは、この読み取り規則がないと音声化（音読）することができないのである。[*17]

「近世通行仮名表記」と歴史的かなづかいで読み取り規則が共通であったことは、歴史的かなづかいの歴史において重要な意味をもっている。明治になって歴史的かなづかいがさしたる抵抗もなく広く受け入れられたのは、小学校教育の場で歴史的かなづかいの教育がはじまる前に文字を覚えた人たちも「近世通行仮名表記」と同じ「読み取り規則」で歴史的かなづかいで書かれたものをそのまま読めたからである（こうした人たちは、その後も書くときは多表記性システムを使いつづけただろうが、こういう庶民の書いたものは後世には公的なかたちでは伝わらないのでその実態を知ることは難しい。明治期における歴史的かなづかいの普及と変質の問題については屋名池（二〇〇七）参照）。

そもそも江戸時代の当時にあっても、「読み取り規則」が共有できたことは重要である。「近世通行仮名表記」のほか、定家かなづかい、歴史的かなづかいという異なるシステムが併存していたにも関わらず、個々の文献には、どのシステムを用いて表記されたものであるのかの表示は、どこにもなかったからである。それでも読者は、共通の「読み取り規則」一本でどんなものでも読解可能だったのである。

10 「近世通行仮名表記」と連綿

この多表記性表記システムで書かれた文字面を、スピーディに読みとってゆくためには6節でC・Dとしてあげた、優先して読まれる、特定のヨミを有する文字列をすばやく識別・特定できなければならない。ここで役立っていると見られるのが、ひらがなの連綿である。連綿の機能については、別の機会に改めてくわしく論じる予定だが、ここでは、このような特定文字列が連綿によって連結され、読みとりが容易になっている事実に目を向けておきたい。

本稿を『**江戸生艶気樺焼**』の冒頭ページから始めたので、首尾呼応して同じ作品の末尾のページを例としてあげ本稿を終えよう。［ ］は連綿によって連結されている文字の範囲、ゴチックで示したのが特定のヨミを有する仮名文字列である。

＊17　こうした、書く場合と読む場合の非対称性・跛行性は、当時の表記法のひとつの特徴である。そうした非対称性の他の例を一つあげれば、「総ルビ」システムでは、読む場合は、本行の漢字ではなく、振り仮名が本体であり、ヨミは振り仮名から本行の仮名へ続くのだが（屋名池（二〇〇九b）参照）、書く場合は、振り仮名から本行の仮名へではなく、本行の漢字から本行の仮名へ続けられていることが、連綿の様子からわかることが多い。

わ［かきと］きハ［けつき］い［まだ］」［さた］［まらす］［いまし］［むる］［事い］ろ〳〵」［ありと］［いふ］［と］を［しらぬ］か［すべ］て［あん］じか」［**こう**すると］［みな］［**こう**］した［ものだ］［おそ］ろしき」［とろ］」［**ぼう**］」と」［まで］」［みを］」［やつ］［せし］」［われ］〳〵か」く［ふう］の」［**きやう**］」［げん］」いこは」［きつと］」［たしなみ］」［おれ］」き［のすけや］」わるい」［しあん］」［とも］」［**まう**］」つき［**あふ**］」［まい］か」［そちはかりで］は」［ない］［よの］中に［たいふ］［**かう**］［**いふ**］」［こゝ］［ろ］［いきの］［ものが］［ある］て

調査資料

金々先生栄花夢　『日本古典文学全集　46　黄表紙 川柳 狂歌』所載図版（東京都立中央図書館蔵本影印）小学館　一九七一年

江戸生艶気樺焼　『日本古典文学全集　46　黄表紙 川柳 狂歌』所載図版（松浦史料博物館蔵本影印）小学館　一九七一年

遊子方言　『勉誠社文庫三二　遊子方言』（筑波大学文芸言語学系研究室蔵本影印）勉誠社　一九七八年

浮世風呂（前編巻之上）　『初版本　諢話浮世風呂　前編』（天理図書館蔵本影印）新典社　一九七八年

春色梅児誉美（初編巻之一）　『複刻日本古典文学館　春色梅児誉美』（蓬左文庫蔵本影印）日本古典文学刊行会　一九七四年

椿説弓張月（前編巻之一）　『椿説弓張月　前編』（初版本影印）笠間書院　一九九六年

安愚楽鍋　『名著復刻全集近代文学館　安愚楽鍋　誠之堂版』（影印）日本近代文学館　一九六八年

蘭学階梯　大阪女子大学（現大阪府立大学）蘭学英学資料コレクション所蔵

参考文献（参考にした文献は多いが、本稿の論旨、とりあげた文献に直接関わるものに限った）

遠藤邦基（二〇一〇a）「西本願寺本三十六人集の非古典仮名遣」『国語表記史と解釈音韻論』和泉書院

遠藤邦基（二〇一〇b）「誤った回帰――「はらは（私）」「はたる（渡）」」同右

久保田篤（一九九八）「『金々先生栄花夢』の文字の用法について」『東京大学国語研究室創設百周年記念 国語研究論集』汲古書院
小松寿雄（一九八五）『江戸時代の国語 江戸語』東京堂出版
小松寿雄（一九八六）「南畝咄本・浮世風呂の仮名遣補遺」『国文目白』25
坂梨隆三（二〇〇四）『近世の語彙表記』武蔵野書院
屋名池誠（二〇〇五）「現代日本語の字音語読みとりの機構を論じ、「漢字音の一元化」に及ぶ」『築島裕博士傘寿記念 国語学論集』汲古書院
屋名池誠（二〇〇七）「表記論と近代の表記」『国語国文学研究の成立』放送大学教育振興会
屋名池誠（二〇〇九ａ）「現代日本語の音・訓読み分けの機構を論じ、「漢語・和語形態素の相補的分布」に及ぶ」『藝文研究』（慶應義塾大学藝文学会）96
屋名池誠（二〇〇九ｂ）「「総ルビ」の時代――日本語表記の十九世紀――」『文学』10-6
矢野準（一九九一）「黄表紙に於ける表記法――一九自画作に於ける仮名遣い――（2）」『熊本大学教育学部紀要 人文科学』40
矢野準（一九九二）「黄表紙に於ける表記法――一九自画作に於ける仮名遣い――」『国語文字史の研究 一』和泉書院
矢野準（二〇〇一）「草双紙の仮名遣い――『无筆節用似字尽』寛政板と天保板との比較を通して――」『香椎潟』46
矢野準（二〇〇四）「黄表紙とそのかな表記」『日本語学』23-12
湯沢幸吉郎（一九三六）『徳川時代言語の研究』刀江書院（風間書房 一九七〇年 による）

問いの共有

——文学研究と言語研究の架橋へ

井上泰至

【要旨】「動く」「関係」を示す世界を、古来日本語では「こと」と言い、「もの」は概念など「動かない」世界を指したと言う（藤井貞和『日本語と時間』）。たしかに、男女の「こと」とは言っても「もの」とは言わない。恋は理性の及ばない「もの」だ、とは言っても「こと」とは言わない。出来事・行為など「こと」は時間の経過の中にある。過去・完了の助動詞が、近代には「た」一種に集約されたという問題も、この二分法に関連する。「た」に集約されたということは、現在と過去の区別だけに近代以降は関心が移り、「ほんとうはこうだったんだ」＝「けり」、「もうとりかえしがつかないんだ」＝「ぬ」といった、変化＝「こと」のニュアンスが消えてしまったのではないか。時間をめぐる味わい深い認識が、近代における世界の散文化によって過去の「こと」になってしまったのでは。そんな語学にも文学にもかかわる本質的な問題を考えさせてくれる研究を紹介していきたい。

【プロフィール】
いのうえ・やすし
昨年から俳句の社団法人で役員として、いろいろと伝わせて頂いています。句会の現場に出、句集や同人誌を読む機会もふえました。改めて感じたことは、現代で文語文法を生きた言葉として表現に使っているのは、俳人くらいのものだということです。己れの文学表現のため、真剣に「けり」「たり」「ぬ」「き」を使い分ける彼らに比べ、それを「た」で済ませしまうことで、我々が失ってしまったものの意味を考えています。

1　はじめに

文学が言語芸術であるからには、言語研究の問いと文学研究の問いには、本来かなり重なる部分があるはずだ。平たく言えば、「私たちは、なぜなにげない言葉に傷ついたり、感動したりするのか」と言い替えてもよいその問いは、双方の研究において根源的な、あるいは普遍的な問いになるはずである。もし、言語研究と文学研究の間に壁が生まれ、両者の間で交流する傾向が少なくなっているとしたら、それは学問の細分化なのではなく、学問の自己目的化、端的にいえば学問の成果として結果が見えやすいものだけを問いとしてしまうという、学問本来の「志」を忘れつつある危険性をも疑われかねない状況にあるのかも知れない。

冒頭からかなり挑発的な言辞を弄したが、私自身は、最近江戸の恋愛小説として成功したといわれる、為永春水の人情本の会話体は、なぜそのような精細を得られたのか、あるいは正岡子規の新俳句が、着想・材料の取捨選択・表現の点で、どのように江戸以来の古俳句と異なっていたのかといった問いに取り組んできて、言語研究の成果を参照させて頂いている程度である。しかし、近世文学の研究の中には、言語研究の成果を反映した、また言語研究にも寄与する優れた研究があり、かつまだ広く注目されているとは必ずしも言えないものが多くある。

ここでは、文学研究と語学研究の架橋の指針となるような、あるいは、なる可能性をもった文学研究や語学研究を紹介するとともに、その架橋とはどういうものであり、その先にある、新しい研究への問いと可能性は、どういうところに向かいそうなのか、について、自己の関心から発した、極めて小さなところに終始しているかもしれないことは恐れつつ、論じてみることを諒とされたい。

2　文学様式の研究と文体研究の統合に必要な問い

外山滋比古のエッセイが、最近人気を呼んでいる。が、私にとっては、俳句評論の面白さを教えてくれた人として忘れ難い。今私の手元には、かなり紙ヤケした、一九七九年初版の中公文庫版『省略の文学』がある（最近、ブームを受けて同じ中公文庫から『省略の詩学――俳句のかたち』（二〇一〇年）として再編集され刊行された）。読み終えた時の印象は鮮烈で今も覚えている。二重の意味で眼から鱗が落ちる思いだった。その頃、私は近世文学を専攻とし、大学院に進むことも意識し始めていたから、あれこれ芭蕉に関する本を読み始めてはいた。しかし、外山の文章は、それらの中でも群を抜いていて、内容・語り口共に、衝撃的だった。

俳句における「切れ」の機能を、「省略」の美学の観点から論じて、素人にもわかり易い。しかも、「切れ」の問題は、日本語や日本文学の特質・本質にまで及ぶ。外野から見れば、古いしきたり程度にしか見えなかった「切れ」が、俳句の詩としての本質につながるものであることを、これほど説得力を持って説明してくれる本はなかった。

今読んでも新鮮なのは、「詩が句読点をぶらさげたりしているのは醜態である」という冒頭の文章だ。本質を、言葉を短く切ることで、余韻を持って示す。散文というものは、後から後から言葉が続いて饒舌で、文体が弛緩しがちだ。そうならないためには、短く切って、句読点などに余り寄りかからないことだ。そうすることで、文章に「ふくよかな余韻」が生まれる。俳句に集約される「切れ」は、実に粋な表現技法だと教えられた。

しかし、外山の提示した問題は、俳句にとどまらず、日本語の近代化の本質とは何か、という大きなところにまでヒントを与えてくれる。考えてみれば、古い日本語で書かれた写本には、和歌・俳諧は無論、散文でも句読点がないのが普通である。外山の論法に従えば、そういう写本の文章は、現代の日本語のように句読点を明示するのに、いちいちうるさくない点から推して、物語や随筆のような散文であっても、その文章やスタイルは、今以上に「詩的」であったことになる。

江戸時代になって商業出版が一般化してくると、散文には句読点を振るようになってくるが、それは「。」のみで記されることが多く、現代のような、句点と読点の厳密な区別はない。その意味では、この時代の散文、西鶴・秋成・馬琴などは、物語と小説の中間点にあったと言えるだろう。

それ以前の時代に生み出された『源氏物語』や『徒然草』の写本は、散文とは言っても本来「詩的」な文章だが、それすら商業的な出版物になると、段落が分けられ、「。」で区切られ、散文化して読まれてゆく。もちろん、現代人の目から見れば、「。」でおしなべて済まされている江戸時代のあり方は、「詩的」(古典的)な部分を引きずっていることになるのだが。

今や、教科書や注釈書では、こうした古典すら句読点を打つようになった。そういうやり方が定着するのは、一般の文章にも句読点が浸透してゆく、明治二十年代から三十年代にかけてのことである。つまり、二十世紀には、世界が「散文化」したのだ。文学の主役の地位に小説がついたのも、むべなるかな。ひるがえって、俳句・短歌は、詩の最後の砦としてかけがえがない。

こうして考えてくると、外山の思考は、文学研究と語学研究が同じ地平に立つことで、本質的な問いを得、議論を深めてゆく出発点となるものであることが見えてくる。文学研究者は、言葉の物理的側面や機能性にもっと関心を持たねばならず、逆に語学研究者は、文体・様式というテクスト全体への目配りを忘れてはならない。さらに、外山の問題提起から、議論を進めてゆくうちに、浮かんでくる重要な点は、モノとしてのテクスト、すなわち書物の物理学である書誌をおろそかにしてはならない、という点である。

江戸時代は、商業出版の花開いた時代ではあるが、写本の文化はきちんと残っていた。また、句読点の一般化した明治二十年代から三十年代は、木版から活版への技術上の変化によって、音読的受容に依存していた読書行為が、可視化された読みやすさを求める、加速化した黙読へと劇的に変転をもたらされた時代であり、句読点の出現はその象徴的な事件だったのだ（永嶺重敏『雑誌と読者の近代』日本エディタースクール出版部、一九九七年）。

近世文学の研究は、ここ三十年の間に、現物そのものを取り扱うことが、研究者となるための必須のディシプリンとなって、定着している。そのことは大きな進歩である。従って、我々は、今度は書誌の知識に埋没することなく、そこから文学の文体・様式についての強い関心を持って、語学研究の力を借りながら、新たな地平を生み出さねばならない。ひるがえって、語学研究においては、私の狭い知見による誤解であることを恐れつつ、あえて言えば、着実なデータが積み重ねられる一方で、活字本でテクストを済ませてしまっている傾向が見受けられる。こうして双方に横たわる問題を眺めてみると、語学研究者と文学研究者が同じ土俵に上がって討議することは、互いに益するところが大きい時期にさしかかっているようだ。

3　大家によるモデル

さて、こうした「架橋」を、広い近世文学全体への知見と、着実なデータの集積・整理・検討から成し得ている、数少ない成功例としては、濱田啓介『近世文学・伝達と様式に関する私見』（京都大学出版会、二〇一〇年）に収められた諸論考が挙げられる。氏の本書における近世文学への向き合い方は、伝達とは言語の本質であり、言語構造物としての文学の文学たる所以はその様式にある、という「後記」の言葉に端的に示されていて、一貫している。例えば、「11　文体論試論—言表提示の周辺」は、『「会話文」と…』という「言表提示」の表現に着目し、読本と中世軍記・中世小説・近世軍記・実録・浮世草子・浄瑠璃・滑稽本等とを対比させ、その様式的影響・相違を、具体的数値を挙げて論じている。会話文の締めくくりは、前近代の小説の語りの要所であるから、これはデータの集積も圧倒的だが、その核心にある問題意識においても、極めて重要な研究成果である。

年来、近世小説の様式に関心を持って取り組んできた濱田が、ついに言語表現の一局面である「言表提示」を突破口に、近世小説全体の「文体」の問題にアプローチした労作なのである。濱田は、論文の最後で、歌舞伎台帳に発するト書き文体を採用した洒落本・後期滑稽本・人情本が残る問題としてあること、また、「附記」では、「学会を異にするため、当然参照すべき国語学の業績論文の引用」をしていないことを認めつつ、それは「論者の本意ではな」く、「国語学の方」から「忠言を賜れば、有り難きことと思う」と結んでいる。

濱田には早く、「西鶴流の文体について――その創成と頽唐」(『近世小説・営為と様式に関する私見』京都大学出版会、一九九三年)なる名論文もあり、これも忘れ難い。濱田によれば、西鶴の文章には、具体的描写性と主張性が濃い、という。特に後者については、「べし」「ぞかし」「じ」「まじ」、および形容詞の終止形が多用されることを指摘し、特に「ぞかし」の使用頻度を数値を挙げて、仮名草子には希なことを比較・紹介する。また、それに飽き足らず、語りの枠組みの中にすら「ぞかし」が露出することを挙げて、これが自ら詠嘆して相手を同意に巻き込むことを意図した語であることを喝破する。さらに、その先蹤は談林俳諧の俳文と遊女評判記にあることをも、その飽くなき博捜から突き止める。追究はなお続き、後続の浮世草子においては、形式のみこの文体を模倣するも、それらの諸作が、自己の情意と具象性を表出することで臨場感を得る緊張感は消失していった様相をも詳述する。

『近世文学・伝達と様式に関する私見』には、この他、「3　板行の仮名字体――その収斂的傾向について」「9　ある詞章論――古浄瑠璃慣用表現に関して」「10　雨月春雨の文体に関する二三の問題」「17　幕末の写生歌」など、同様の日本語学的用例採取から、それぞれの文学ジャンルの文体的特徴と、そこから見えてくる文学ジャンルの本質に迫った重厚かつ魅力的な論考が並ぶ。こうした濱田の圧倒的な諸業績に対しては、私自身も、是非、日本語学側からの発言を望むものである。それはまた、勝手な推測ながら、近世文学研究を志す者に等しい願望でもあると思う。

他方、韻文、特に俳諧の文体研究で、日本語学のそれまでの成果を受け継ぎながら、それらを発展させていて、後続の研究の先例となっているのは、堀切実の俳諧表現研究であろう。その成果は、『表現としての俳諧　芭蕉・蕪村・一茶』（ぺりかん社、一九八八年）にまとめられている。中でも、重要なのは、「I　芭蕉―連句」に収められた「蕉風連句文体論考」である。

この論文は、発句に偏りがちな文体研究の弊を意識して、連句における文体研究こそ、俳文芸の文体研究の本質的課題ととらえ、山田孝雄・江湖山恒明・浅野信・久野暲・牧野成一・鈴木丹士郎といった国語学者の成果を援用しながら、提示態・省略・圧縮・倒置・配合・自他融合・切れなど、俳句独自の文体の由来が連句にあることを明らかにした点に功がある。だが、それにとどまらず、この方法は、今後、蕉風俳諧以外の連句にも試みられることによって、俳文芸の文体史が確立してゆくだろう。また、俳文の研究においても、堀切が論考の最後で触れているように、俳文そのものの性格付けと、その雑多な種々相の実態を探る切り口として、機能するはずのものでもあることを強調しておきたい。

なお、堀切の門下からは、芭蕉の門人たちの作句理論を確認し、俳論用語の使用例を検証したうえで、その実作品までを分析し、中世歌論・連歌論から近世後期の蕉門系伝書に至るまでを見渡して、日本詩歌史のなかに蕉風俳論を位置づけた労作、永田英理『蕉風俳論の付合文芸史的研究』（ぺりかん社、二〇〇七年）がある。参照されるべき後続研究であり、日本語学にも資するところ大きいヒントを数々有しているはずであることを、注記しておく。

4　会話体小説の魅力を言語の機能の研究から論じる

言語学の、特に、文体研究を文学研究に応用した例は、近世文学研究には少ない。後述する野口武彦が浮かぶくらいである。筆者には、会話の精細で一ジャンルを築いた為永春水の天保期の人情本について、野村雅昭『落語の言語学シリーズ3　落語の話術』（平凡社選書、二〇〇〇年）を活用して分析した『恋愛小説の誕生　ロマンス・消費・いき』（笠間書院、二〇〇九年）「Ⅳ　会話の妙の秘密」がある。

その経験から言えば、単純に、落語の話法が人情本のような小説に応用された、というだけでは掘り下げが足りないことになる。春水自身は高座に上がっていたからだ。さらに進んで、落語の話法のどういう機能・本質が、人情本にも摂取されて、魅力的な会話描写をなしえたのか、そこまで問いを進めなければ、上っ面をなぞっただけになってしまう。そこで、筆者は最近急速に心理学の分野で台頭してきた質的心理学の会話分析研究を使ってこの問題を考えてみた。

私の論文が試論の域を出ていないことはいうまでもないが、文学研究と語学研究の架橋には、こういう他分野からの脅威を素直に受け取って活用する危機意識が必要であると思う。それは、我々が、学生や一般人の素直に抱く言語、および言語活動についての疑問に対して、心理学や社会学以上に明快な答えを用意できているのか、という自問自答と言い替えてもよい。現に文学部のパイが多く、これら隣接分野に食われている現状に真剣に向き合わなくては、文学研究・語学研究の復興は難しいとさえ思われる。

質的心理学の代表的担い手である、やまだようこは、文学への関心から出発して、ミハイル・バフチンへと進み、そこから心理学に入った人だけに、質問紙による量的研究が主流の現今の心理学研究に飽き足らず、個々のカウンセラーとクライアントの対話の機能分析のモデル作りに果敢に挑戦している。その結果、抽出されてきた、会話における「語りなおし」のモデル形成と、その機能の研究（「非構造化インタビューにおける問う技法」「質的心理学研究」5、新曜社、二〇〇六年）は、会話の精細を核心とする落語や人情本の分析にも大変役立った。

カウンセリングに限らず、経験的に言って、スムーズな会話には、相手の言葉を繰り返す場面がまま見られる。それを芸能化した、落語や漫才の場合、繰り返しは会話を運ぶ基本形として、意識して使用される。やまだの研究は、一般的会話の分析にも通じ得る「語りなおし」の機能を可視化すべくモデル化を試みたもので、我々も「志」の点で、このような蛮勇に敬意を払う姿勢が何より必要なのだと思う。

日本語学研究の場合、会話文を多く含む戯作を資料に、助動詞や活用語の語尾変化などに焦点を当てる研究が多いように見受けられるが、それらの諸相が文学テクストの中でどういう機能を持つものなのか、という視点を、文学研究者はもちろん語学研究者も持ち続けていれば、新たな研究の可能性が開けることだろう。

5　和歌のテニハ研究や俳句の切字研究と助詞の研究

俳句の切れに話題を戻そう。この問題を近代的な視点から研究したのは、他ならぬ正岡子規である。彼は十二万とも言われる古句の用例を収集し、これを分類する作業に没頭した。言わば江戸俳諧を近代流の分類科学の視点から整理したのである。これが、句読点が一般化したのと同じ、明治二十年代から三十年代のことであったのは偶然ではない。

さて、その俳句分類はまず、季題別に行われた。これが甲号である。俳句分類の大半はこれが占める。続く乙号は、季題以外の言葉で分類した。内訳は建築飲食・器物・武器楽器玩具外国品舟車・人事・季節外景物衣冠・女流・人倫肢体・文書文・地名・釈教の十種である。子規の分類はこれに飽き足らない。続く丙号は「形式的並実質的分類」と称して、表現法からの分類へと進む。表記・音数・譬喩・擬人法・切れ・止め・係り結び等々。そして、最後に「句調」による分類、丁号へと至る。

分類は上五の最後に注目して、そこから始めている。上五は句の導入であると同時に、句の全体を支配する。これを受けて、中七が名詞か、動詞・副詞か、下五は名詞止めか、「かな」がつくか、あるいは動詞か形容詞か、助詞はどうかと分類が試みられる。結果最も多い調べが、上五が名詞＋「や」で、下五が名詞止め、あるいは、上五が名詞＋「の」で、下五が名詞＋「かな」のパターンなのである。

子規は、丙号で切れや止めに注目したが、これを発展させて、句全体の音の機構を見極めようとして句調の分類に進んだのである。無謀というべきか壮挙というべきか、もはやこの段階では子規の体力も尽きかけ、例句は決して多くないが、分類は既に全体像を摑んでいる。分類の過程で、十万以上の句に目をさらした子規にとって、調べはもはや血肉化されていたのだが、それでも用例を挙げる執念には頭が下がる。こうして「写生」の文体は発見された（拙稿「子規の内なる江戸23　写生の先へ」「俳句」二〇一〇年十一月）。

面白いのは、ここまで俳句における助詞・助動詞と文体・調べを研究しつくした子規の名句には、二つのものを取り合わせる「配合」の句より、一つのことでできている「一物仕立て」の句が多いことである。例えば、

六月を奇麗な風の吹くことよ

柿食へば鐘が鳴るなり法隆寺

いくたびも雪の深さを尋ねけり

鶏頭の十四五本もありぬべし

をととひのへちまの水も取らざりき

等々。これら一物仕立ての句には、

この秋は何で年よる雲に鳥　　芭蕉

若竹やはしもとの遊女ありやなし　蕪村

のような、深い切れとそこから生まれる瞑想的な連関・連想はない。つまり、写生句の文体は概ね散文的なのである（長谷川櫂「一億人の切れ入門（5）」「俳句」二〇一〇年五月）。

ここまで考えを進めてくれば、和歌・俳諧のテニハ伝書と江戸時代におけるその実作との関係は、俯瞰的に見れば、韻文の散文化と関係するという仮説が成り立ちうる。近時、この分野は文学研究の側から、特に和歌では浅田徹・神作研一、俳諧では伊藤善隆らを中心に、関係資料や目録が多く提供されつつあるが、こういう野心的な仮説をもって、語学研究と文学研究を統合する作品そのものへの研究が待たれる。

あくまで印象に過ぎないが、一茶の発句や月並俳諧は散文化が著しいのではなかろうか。はたまた、香川景樹や幕末の和歌についても、先に挙げた濱田啓介「幕末の写生歌」では、既に近代写生の胎動が、それらの和歌に見られることを、その文体から迫って実証しているが、なおいっそう精密に、そうした和歌文体の調べの変化の傾向を、テニヲハや切れから切り込み、明治前期の和歌までも対象にする試みが、あってもいいのではなかろうか。

6 江戸小説のルビの文学性の追究には、辞書研究と不可分

言語生活史の研究は、読者論・文学様式論・書物論と隣接の領域だ。この問題については、身近な私の研究生活から話を始めたい。私が、最初に研究者として取り組んだ対象は、江戸怪異小説の傑作『雨月物語』だが、仕残していたまま気になっている研究テーマがある。それは「ルビ」の研究である。

『雨月物語』を代表作品とする「読本」というジャンルは、中国白話小説の翻案（リライト）の側面を持ち、小説としてのモデルをそこに置いていた。従って、読本の行文に使われる漢語は多く、その中には白話語彙も散見する。その実態は、名注釈の誉れ高い、中村幸彦による岩波古典文学大系本を見れば、窺い得る。問題はルビである。江戸文学に馴れていない読者ならば、『雨月物語』の漢語は全て難しく、ルビも特殊な読みを採用しているかに見える。しかし、本当はそうではない。

この問題が気になって、『書言字考節用集』にいちいちあたっていくと、『雨月物語』本文の八割方は、漢語表記もその読みもこの辞書の通りなのである。漢語とルビの点から見て、『雨月物語』は、概ね当時のスタンダードの枠内にあり、残りの二割程度が、白話語彙であったり、当時の白話学習者の成果を受けていたり、国学の知識で特殊な読みを施したりしていたらしいのである。

江戸時代の小説作品には長編のものが多いから、かなりの労力はかかるが、江戸の小説ジャンルは、当時のどの辞書のレベルと対応するものなのか、これは若い馬力のある研究者がやってみるだけの価値のあるものだと思う。それは、ひとり小説様式の研究というに止まらず、小説の読者層、ひいては辞書そのものの位相や言語生活との関連を明らかにする可能性を持つものであるはずだ。

『雨月物語』に限って言えば、後期戯作にみられるような俗なルビではないにしろ、意外にその漢語・ルビは

常識的なもので、むしろ、読本の濫觴作家で、白話に精通し、自らも『康煕字典』の校訂に携わった都賀庭鐘の読本作品の方が余程高踏的であったようだ。

江戸時代は辞書・文例集・文法書等が大量に刊行された時代である。文学の表現や文学ジャンルは、当然刊行されたそれらの規範から生じた、多様な位相の言語生活を前提にしている。立派な辞書の研究も大事だが、江戸時代の各階層・時期・地域におけるスタンダードを知ることが肝腎なのだが、どうもそういう研究は、まだ生まれてきていないようだ。まずは、鈴木俊幸『増補改訂　近世書籍文献目録』（ぺりかん社、二〇〇七年）あたりを手元に措いて、膨大な近世書籍の森を俯瞰し、逍遥し、自らの関心に関わる業績に当たることから始めるべきだろう。

なお、谷川恵一「小説のすがた」（『歴史の文体　小説のすがた　明治期における言説の再編成』平凡社、二〇〇八年）は、明治二十年代初期の民友社系の小説を皮切りに、明治三十年代の国木田独歩の「普通文」たる「空知川の岸辺」をエポックに、漱石の「草枕」（明治四十年）いたる過程で、小説が、江戸以来の総ルビの文体という規範から離脱しようとする実態を紹介し、それが小説を読む営みを変容させ、作者の声と読者の声が溶け合う読書体験を招き寄せることになったことを追究したものである。

こうした業績こそ、近世小説におけるルビの音読的機能の実態を、近代から逆照射した研究として必読のものである。ルビがあっても、独歩あたりを境に、それは作者の声として内面化されて読まれていったという分析は秀逸で、江戸小説のルビ、特に新井白石や貝原益軒の作のような、ルビ付きで刊行された随筆と、隣り合わせの読本のルビを考える場合にも、大きなヒントとなる。ルビを無視して読む階層と、ルビに寄りかかって読む階層とを、共に捕捉する文体、さらにその中には、特殊な語彙や読みを持ち込む、秋成・馬琴以来のややペダンチックな文体、もしくは仮名文が中心で、漢字はその注や宛て字でしかない人情本・滑稽本系のルビと漢字の関係など、その位相が様々であったことが、逆に見えてくるのである。

歴史とは、時代の終焉を自覚するところに生まれるのが通例だが、小説からルビが消えて行く経緯を知ることも、江戸小説のルビの機能を「鏡」として知らせてくれるものと言い得る。近世文学の研究者はむろんのこと、近世日本語学の研究者にも、わきまえておいて欲しい認識である。

7　言語意識の研究と文学理論の研究

この分野は、国文学プロパーでは野口武彦、美学の分野では尼ケ崎彬にまとまった業績がある。

野口武彦の場合、言語意識と文学にかかわるものだけで、相当の量に及ぶが、代表的な業績を摘出すれば、『小説の日本語』（一九八〇年、中央公論社）『三人称の発見まで』（一九九四年、筑摩書房）が挙げられる。前者は、日本語の歴史に何度か生じた話し言葉と書き言葉の分離・対立という危機を突き破り、新しい語法と表現力の地平を切りひらいてきた小説の言語学を対象とした評論であり、後者は、江戸時代の小説にはなかった、三人称的な記述方法が、近代に発見・開拓されていった経緯を追究していて、両者の関心は同根のものであった。すなわち、近代小説空間の言語相を、江戸時代のそれと比較・対照して描き出す方法と興味の点で共通する。

特に後者に言う、近代小説の言表行為の特性については、日本語学からの検討を待つ問題を孕んでいる。野口によれば、三人称的記述法とは、作者が話者の存在態をとらず、一種仮有の時空点から発話し、話し手の存在指標を透明にしてしまった記述の仕方のことである。言い換えれば、作者個人の視点を表面化させることなく、自由に時間・空間を超える超越的な視点を獲得する方法であり、多くそれは三人称で記述され、「た」で言い切られる。日本語が本来的には、場の制約を受けやすい言語であり、話し手と言表行為とが時間的・空間的に連続していることを前提にしたものだからこそ、この三人称的記述法は、言文一致という書き言葉の改変の過程で開発され、受容されていったものであったわけで、その間の経緯については、前者に詳しい。また、それを補う意味では、柄谷行人『日本近代文学の起源』（一九八〇年、講談社。一九八八年、講談社文庫。二〇〇四年、岩波書店。）も参照されるべきだろう。

それにしても、野口の言う三人称的記述法についての考察は、小説における「語り」の機能分析にととまらず、広く一般の現代語の「語り」の文を分析する際にも有効な視点を提示しよう。ここで最初に挙げた濱田の言表提示のジャンル論を想起すれば、現代日本語の語りの前提獲得の過程が、見えてくる可能性があることにも気付くし、場に制約を受けるため三人称的記述法の開発が近代まで遅れた事実は、堀切が指摘する、連句・俳句において、自他が融合しやすい傾向にあることの問題とも、深いところで通底していることが予想されるのである。その意味で野口の業績は、もっと注目されてよい。

8　美学からのアプローチその他

尼ケ崎彬は今道友信門下の美学者で、日本美学の最良の遺産である歌論を対象に、現代哲学の方法でこれを読み解いてゆく。特に『花鳥の使　歌の道の詩学Ⅰ』（勁草書房、一九八三年）はその白眉である。近世文学・近世日本語の研究者にとって必読なのは、「Ⅰ　和歌のあや――序説に代えて」「Ⅴ　世外の道」の「物のあはれをしる事――本居宣長――」、「言葉に宿る神――富士谷御杖――」であろう。

Ⅰでは、本居宣長の言説を出発点として、言葉には二つの種類、すなわち「ことはり」をあらわす「ただの詞」と、「あはれ」をあらわす「あやある詞」とがあり、この「あや」をもって「あはれ」をあらわす文学様式と和歌を規定する。「あや」による歌の「こころ」の共通認識化が、彼の歌論研究の核心であったとする。

Ｖでは、まず宣長が、文学への当時の解釈の根底にあった儒教や仏教のコードを排し、大和心の追求へと踏み込んだ経緯を腑分けする。「歌の道」の出発点となる、自然の情や「もののあはれを知る心」に対し、日常の暮らしを規制する「漢心」が障害になっていると見たことが、彼をして歌論・物語論から古事記研究へと向かわせたという。

次に、御杖については、詠歌のレトリックである「倒語」説と、解釈上のレトリックである「表裏境」説を、コインの裏表に持つ「言霊説」を中心主題に据える。御杖によれば、「神道」は「神（魂、精神）」の暴発を抑える道であり、「歌道」は「神道」では抑えきれない「神」を、他者との共感から沈静化させる道だ、ということになる。つまり「歌道」は「神道」を補完する位置にあり、それは結局宣長と御杖の歌論が同じ枠組みにあることを意味する。

尼ケ崎の立場が、欧米型の美のコードを相対化しようという立場にあることは明らかで、その意味では彼自身のスタンスが、宣長とオーバーラップして仕方がないのだが、それはともかく、国学という、江戸時代最大の、言語意識を改変し、問題化した学問運動についての考察として、分野外の研究にも裨益するところ大きい問いの広がりがある点で、まずは挙げられるべき業績であろう。

文学の美意識の特権化は、日本語学には一見関係ないように見えるがそうではない。宣長以降の国語研究の根底にある「思想」「確信」に目配りしておくことは、日本語学史において必須の作業であるはずである。口幅ったい言い方になるのは承知のうえであえて言えば、日本語学者は、自らのよって立つ、言語に立ち向かうための切り口の背後にある思想に無自覚であることは許されないだろう、という想いから、一見迂遠な美学研究を最後に挙げておいたのである。

なお、宣長の言語意識や言語研究の思想については、国文学プロパーでは、日野龍夫「もののあはれを知るの来歴」(新潮日本古典文学集成、本居宣長集の解説)、田中康二『本居宣長の思考法』(ぺりかん社、二〇〇五年)の二点も、併読を要することを断っておきたい。特に後者は、稿本から刊本に至るまでの宣長の歌論・古道論の論述を、丁寧にたどりながら、その思考法を抽出してみせることで、文学研究と思想史研究に分離しがちな宣長研究を融合する地平を探った野心作だ。特に、宣長の思考法の核心に、文法研究に執着する例に象徴的な、言語と思想の相即関係に対する彼の確信があったことを、剔出して見せている点で、日本語学の側からも、もっと注目されてよい仕事であること明記しておきたい。

9　最後に

以上、思いつくまま、筆者の関心に引き付けた議論に終始した。韻文の散文化とそれを生み出す、言語生活・言語活動・言語意識、そしてそれらの背景にある思想への視点こそが、近世から近代への文学研究と語学研究の双方に渉る大きな問題領域であるという、ごく当たり前ことを、提示したまでのことである。書き終えた今となっては、むしろ、両分野から、もっと違った角度からの多様な問題提起が、盛んになされるような「場」を用意することこそが、今一番の課題であるのかも知れないと思う。

最後に、また外山滋比古の発言を引こう。

「expression」の対義語が「impression」であることは、日本人にあまり意識されていない。ことばは、過去の事実を忠実に再現するのではなく、情報を選択・整理したうえでことばとして「表現」されるものである。例えば、歴史は、語り手がことばを通して理解し、創作したものであると言い得る。読書によって、言語表現に示される知識を得るだけでは、単なる物知りにすぎない。表現を読むということは、受け手自身の考えや経験に基づきながら、言語のシステムによって情報をコード化されたものを可能なかぎり再生して、言語表現の本質的にもっている不備を補う作業である。ことばはこのようなあいまいさによって成り立っている。

（「表現の原理」「表現研究」92）

文学研究も語学研究も、外山の言う「単なる物知り」に堕していないか。そのことへの懸念に対する、不断の自己検証こそが、このあいまいで複雑怪奇な性格を持つ、言語表現の原理を追究するような、両者の架橋を産む前提となるのだろう。

参考文献

尼ヶ崎彬（一九八三）『花鳥の使　歌の道の詩学Ⅰ』勁草書房
井上泰至（二〇〇九）『恋愛小説の誕生　ロマンス・消費・いき』笠間書院
井上泰至（二〇一〇）「子規の内なる江戸23　写生の先へ」『俳句』59-12　角川学芸出版
柄谷行人（一九八〇）『日本近代文学の起源』講談社　のち講談社文庫（一九八八）岩波書店（二〇〇四）
田中康二（二〇〇五）『本居宣長の思考法』ぺりかん社
谷川恵一（二〇〇八）『歴史の文体　小説のすがた――明治期における言説の再編成』平凡社
外山滋比古（二〇一〇）『省略の詩学――俳句のかたち』中公文庫
外山滋比古（二〇一〇）「表現の原理」『表現研究』92
永田英理（二〇〇七）『蕉風俳論の付合文芸史的研究』ぺりかん社
永嶺重敏（一九九七）『雑誌と読者の近代』日本エディタースクール出版部

野口武彦（一九八〇）『小説の日本語』中央公論社
野口武彦（一九九四）『三人称の発見まで』筑摩書房
野村雅昭（二〇〇〇）『落語の言語学シリーズ3　落語の話術』平凡社
長谷川櫂（二〇一〇）「一億人の切れ入門（5）」『俳句』59-6　角川学芸出版
濱田啓介（一九九三）『近世小説・営為と様式に関する私見』京都大学出版会
濱田啓介（二〇一〇）『近世文学・伝達と様式に関する私見』京都大学出版会
日野龍夫（一九八三）『本居宣長集』新潮日本古典文学集成　新潮社
堀切　実（一九八八）『表現としての俳諧　芭蕉・蕪村・一茶』ぺりかん社
やまだようこ（二〇〇六）「非構造化インタビューにおける問う技法」『質的心理学研究』5　新曜社

あとがき

本書が成立するきっかけとなったのは、日本語学会二〇一〇年度春季大会（同年五月二十九日、日本女子大学）において行なわれたシンポジウムB「外から／外への近世語研究」である。そこで本書との関わりの一端を紹介するために、同大会の予稿集の初めに掲げられた「本シンポジウムで話題としたいこと」の一部を再録してみることにしたい。

本シンポジウムは、以下の問題意識に関わるところについて、それぞれの研究課題の検討を通じて議論し、今後の研究の可能性について検討しあう場としたい。

・近世語研究にとって意義深い問題設定とは。また、どのような課題があると自覚すべきか。

・どのような研究方法が、どういった効果をもたらすのか。

これらに対して十分な解決を得るためには、近世語だけを対象に限定する視野・思考・方法から自由になる必要がある。あるいはまた近世語研究という枠組みの外側にある問題を取り上げることが効果を生む場合もある。それが本シンポジウムに「外から／外への」を冠する所以である。

そして、実際のシンポジウムでは、具体的な検討課題として、I現代語からみた近世語　II言語生活史からみた近世語、という二つが立てられ、それぞれについて二名ずつのパネリストによる次のような四つの発題が、大会委員である矢島正浩を司会者として行なわれた。

(1)　現代語からみた近世語――時代を超えた変化の特性――　：金澤裕之
(2)　現代語からみた近世語――モダリティ形式の対照――　：岡部嘉幸
(3)　言語生活史からみた近世語――変異形の存在意義――　：福島直恭
(4)　言語生活史からみた近世語――節用集研究の現況と課題――　：佐藤貴裕

これらの発題と、それに続いた質疑応答・パネルディスカッションでは白熱した議論が展開され、幸いにも参加者の皆さんから、好意的な感想をいただくことができた。さらに、一部の方からご示唆をいただいたのが、このシンポジウムを中心とする論文集のようなものを纏めてはどうかということである。パネリストの間でも、シンポジウムをめぐって種々交わされた熱心なやり取りを踏まえた内容を、一つの形として残してはどうかという思いが共有されつつあった。そこで、金澤と矢島の二人が仲介役となり、笠間書院の池田つや子・橋本孝・重光徹の三氏にご相談を申し上げたところ、基本的に賛成とのご意見を賜り、出版を目指す運びとなったものである。

そして、その後の検討を通じて、一書としての構成を整えるため、改めて「文法史の面から捉え直す近世語」「言語生活の面から捉え直す近世語」という二つの部立てを行ない、司会者であった矢島が「文法史」の方に加わった上で、新たに三名のゲストにご参加いただくこととなった。その方々とは、「文法史」の方に彦坂佳宣、「言語生活」の方に屋名池誠・井上泰至の三氏である。中でも井上氏には、近世期における語学と文学の接点を広い視野から捉えるという、本書の要ともなる部分をご担当いただいた。

以上のような経緯から、四名のパネリストの場合は、元来はパネル発表のために用意された内容であったが、本の形に纏める上においては基本的に発表の内容に則りつつ、質疑やディスカッションにおけるやりとりも活かす形での原稿の執筆を依頼した。また、後から加わって下さった方々には、基となるシンポジウムの趣旨や内容をご理解いただいた上で、それぞれの業績や関心に沿う形で、比較的自由にご執筆下さるようにお願いした。

本書は、必ずしも「近世語プロパー」とは言えない研究者が多く集まって綴った論文集である。本書の基本的な編集方針としても、近世語ばかりに研究対象の枠組みを限定することはせず、むしろその枠組みの外側をも視野に入れることにより、新しい見方や話題の提供ができることを重視している。ただしそれによって拡散的な印象を読者に与えることのないよう、メンバーも相互に意識しつつ、可能な範囲で全体のバランスを考えるように努めたが、それが十分行き届いていないような部分については、読者のご寛恕をいただければ幸いである。なお、書名に関しては、基本的にシンポジウムの意図を継承しつつ、近世語研究への時間的・空間的な広がりや展望を大きく捉えるという意味を籠めて、『近世語研究のパースペクティブ』とすることにした。

末筆ながら、これまでにあまり類例の見られないこうした試みに対してご理解をいただき、出版の労を担って下さった笠間書院の皆さまには心よりの感謝を申し上げるとともに、中でも、誠実なお仕事ぶりに加えて前向きな提案も種々行なって下さった編集担当の重光氏には、特に御礼を申し上げたいと思う。

二〇一一年早春

金澤裕之
矢島正浩

執筆者紹介

金澤裕之（かなざわ・ひろゆき）＊編者
一九五二年生　横浜国立大学教育人間科学部教授
大阪大学大学院文学研究科博士後期課程単位取得退学
博士（文学）
著書・論文　『二十世紀初頭大阪口語の実態』（科研費報告書、一九九一）、『近代大阪語変遷の研究』（和泉書院、一九九八）、『留学生の日本語は、未来の日本語』（ひつじ書房、二〇〇八）

岡部嘉幸（おかべ・よしゆき）
一九六九年生　千葉大学文学部准教授
東京大学大学院人文社会系研究科博士課程中退
著書・論文　「江戸語におけるソウダとヨウダ―推定表現の場合を中心に―」『国語と国文学』79-10（二〇〇二）、「ハズダとニチガイナイについて―両者の置き換えの可否を中心に―」『日本語科学』13（二〇〇三）、「江戸語の文法―江戸時代後期における―」『日本語学』25-5（二〇〇六）

矢島正浩（やじま・まさひろ）＊編者
一九六三年生　愛知教育大学教育学部教授
東北大学大学院文学研究科博士後期課程単位取得退学
著書・論文　「近代関西語の順接仮定表現―ナラからタラへの交代をめぐって―」『日本語科学』19（二〇〇六）、『近代関西言語における条件表現の変遷原理に関する研究』（科研費報告書、二〇〇七）、「近世期以降の当為表現の推移」『日本語文法』10-2（二〇一〇）

彦坂佳宣（ひこさか・よしのぶ）
一九四七年生　立命館大学文学部教授
東北大学大学院文学研究科博士課程単位取得退学　博士（文学）
著書・論文　『ことばの探検4　方言と標準語』（アリス館、一九九七）、『尾張近辺を主とする近世期方言の研究』（和泉書院、一九九七）、『戦後日系カナダ人の社会と文化』（共著、不二出版、二〇〇三）

福島直恭（ふくしま・なおやす）
一九五九年生　学習院女子大学国際文化交流学部教授
筑波大学大学院文芸・言語研究科一貫制博士課程単位取得退学
博士（言語学）
著書・論文　『あぶない（ai）があぶねえ（eː）にかわる時―日本語の変化の過程と定着―』（笠間書院、二〇〇二）、『書記言語としての日本語の誕生―その存在を問い直す―』（笠間書院、二〇〇八）、「身内尊敬表現と絶対敬語―進歩史観的敬語論批判―」

『日本語と日本文学』52（筑波大学日本語日本文学会、二〇一一）

佐藤貴裕（さとう・たかひろ）
一九六〇年生　岐阜大学教育学部教授
東北大学大学院文学研究科博士後期課程単位取得退学
著書・論文　『近世初期節用集の研究』（科研費報告書、二〇一〇）、「寿閑本節用集の意義」『日本語の研究』4-1（二〇〇八）、「易林本『節用集』平井版研究の基本課題」『古典語研究の焦点』（共著、武蔵野書院、二〇一〇）

屋名池　誠（やないけ・まこと）
一九五七年生　慶應義塾大学文学部教授
東京大学大学院人文科学研究科博士課程中退
著書・論文　『横書き登場―日本語表記の近代』（岩波新書、二〇〇三）、「「総ルビ」の時代―日本語表記の十九世紀―」『文学』10-6（二〇〇九）、「文字の向きは何を伝えていたか―江戸切絵図の場合」『国文学　解釈と教材の研究』50-5（二〇〇五）

井上泰至（いのうえ・やすし）
一九六一年生　防衛大学校人間文化学科准教授
上智大学大学院文学研究科博士後期課程単位取得満期退学
著書・論文　『雨月物語―源泉と主題―』（笠間書院、一九九九）、『恋愛小説の誕生　ロマンス・消費・いき』（笠間書院、二〇〇九）、「子規の内なる「江戸」1〜24」『俳句』（角川学芸出版、二〇〇九〜二〇一〇）

近世語研究のパースペクティブ　言語文化をどう捉えるか

2011年5月31日　初版第1刷発行

編　者　金澤裕之
　　　　矢島正浩

装　幀　笠間書院装幀室

発行者　池田つや子

発行所　有限会社　笠間書院

〒101-0064　東京都千代田区猿楽町 2-2-3

☎ 03-3295-1331　FAX 03-3294-0996

NDC 分類：810.25　振替 00110-1-56002

ISBN978-4-305-70555-6

シナノ印刷

乱丁・落丁本はお取りかえいたします。　（本文用紙・中性紙使用）

出版目録は上記住所までご請求下さい。

http://kasamashoin.jp